高校德育成果文库

GaoXiao DeYu
ChengGuo WenKu

思政活动课程建设案例集
有礼篇

崔戴飞　　孔庆红　主编

光明日报出版社

图书在版编目（CIP）数据

思政活动课程建设案例集．有礼篇 / 崔戴飞，孔庆
红主编 .-- 北京：光明日报出版社，2019.10（2022.4 重印）

ISBN 978-7-5194-5011-3

Ⅰ.①思… Ⅱ.①崔… ②孔… Ⅲ.①高等学校—思
想政治教育—课程建设—案例—中国 Ⅳ.① G641

中国版本图书馆 CIP 数据核字（2019）第 243283 号

思政活动课程建设案例集．有礼篇
SIZHENG HUODONG KECHENG JIANSHE ANLI JI . YOULI PIAN

主　　编：崔戴飞　孔庆红			
责任编辑：史　宁		责任校对：赵鸣鸣	
封面设计：中联学林		责任印制：曹　净	

出版发行：光明日报出版社

地　　址：北京市西城区永安路 106 号，100050

电　　话：010-63139890（咨询）010-63131930（邮购）

传　　真：010-63131930

网　　址：http：//book. gmw. cn

E - mail：gmrbcbs@ gmw. cn

法律顾问：北京市兰台律师事务所龚柳方律师

印　　刷：三河市华东印刷有限公司

装　　订：三河市华东印刷有限公司

本书如有破损、缺页、装订错误，请与本社联系调换，电话：010-63131930

开　　本：170mm×240mm

字　　数：188 千字　　　　　　印　　张：15

版　　次：2019 年 10 月第 1 版　　印　　次：2022 年 4 月第 2 次印刷

书　　号：ISBN 978-7-5194-5011-3

定　　价：93.00 元

编 委 会

简 介

    长期以来浙江省衢州职业技术学院致力于把学生思想教育贯穿学校教育全过程，特别是学校开展以《悉尼协议》为范式的高水平专业建设与改革以来，我们将学生思想政治教育融入人才培养方案，试图将学生的思想政治教育活动以标准课程的模式固化下来，成为学校思政课程的重要组成部分，并通过探索构建专业教育与通识教育相结合、第一课堂与第二课堂相融通的思政教育综合体系，实现知识传授与价值引导的有机统一。

    《思政活动课程建设案例集》是在对我校思想政治教育中的文化基因和价值内涵进行深入挖掘的基础上形成的，共分为"有礼篇""有爱篇""健康篇"。其中，"有礼篇"作为案例集的开篇之作，融入了全校广大师生在有礼教育中的典型案例和特色做法。

序

　　"立德树人"是高校的立身之本，是我国每一所学校的神圣使命与职责担当。长期以来，浙江省衢州职业技术学院致力于把学生思想政治教育政治贯穿学校教育全过程，特别是学校开展以《悉尼协议》为范式的高水平专业建设与改革以来，我们将学生思想政治教育融入人才培养方案，试图将学生的思想政治教育活动以标准课程的模式固化下来，成为学校思政课程的重要组成部分，并通过探索构建专业教育与通识教育相结合、第一课堂与第二课堂相融通的思政教育综合体系，实现知识传授与价值引导的有机统一。

　　《思政活动课程建设案例集》是在对全校思想政治教育中的文化基因和价值内涵进行了深入挖掘的基础上形成的，共分为"有礼篇""有爱篇""健康篇"。其中，"有礼篇"作为案例集的开篇之作，融入了全校广大师生在有礼教育中的典型案例和特色做法。

　　礼者，人道之极也。"礼"是儒家思想的核心内容，也是中华文化的重要瑰宝。习近平总书记在主政浙江期间作出了"让南孔文化重重落地"的重要指示，历久弥新，影响深远。作为南孔文化的发源地，浙江衢州以打造"一座最有礼的城市"为导向，确立了"南孔圣地、衢州有礼"的城市品牌。

徜徉在东南阙里，人与自然的和谐共处、友善淳良的民风民俗、高效优质的营商环境，处处可见的"有礼文化"体现了衢州历史的传承与创新，展现了衢州面向未来的开放与自信。在千年儒风的沐浴下，"有礼文化"也弥漫在花开四季的校园里，浸透在书香四溢的空气中，根植于知行合一的细微处。在本书的编写过程中，我们得到了衢州市委宣传部及有关部门、南台科技大学李坤崇教授团队和社会各界同仁的指导帮助。在此，我谨代表此书编委会向各位领导、专家和同仁表示诚挚的感谢！

　　打造"一座最有礼的城市"，

　　争创"一座最有礼的学府"，

　　南孔圣地，衢州有礼！

　　书香四溢，衢职有礼！

崔戴飞

二〇一九年初春

目 录
CONTENTS

导论：明礼致和、用礼致强

习近平总书记在党的十九大报告中指出："经过长期努力，中国特色社会主义进入了新时代，这是我国发展新的历史方位。"[①] 也就是说，"近代以来久经磨难的中华民族迎来了从站起来，富起来到强起来的伟大飞跃，迎来了实现中华民族伟大复兴的光明前景"。而随之而来的是要如何解决富起来、强起来之后的问题。就如《论语·学而》篇中子贡问孔子"富而无骄，何如？"时，孔子回答的那样，"不如富而好礼"。随着社会经济的飞速发展，文化的素质急需进一步提升，而提升文化素质的核心则在"好礼"，只有人民文化素质持续提升，才能确保社会的安定和谐。

人民文化素质的提升，是为了维持整体社会结构的稳定，而这一稳定又要如何达成呢？在《论语·子路》篇冉有曾问孔子："既富矣，又何加焉？"孔子回答他："教之。"这里的"教之"说的是什么意思呢？就是说要透过"教育"层面的推动落实全民的"教育"，培育出有"教养"的文化人。

在推动文化教养行动上，可以把以孔子为代表的儒家文化落实在

① 决胜全面建成小康社会 夺取新时代中国特色社会主义伟大胜利——在中国共产党第十九次全国代表大会上的报告 [M]. 北京：人民出版社，2017:10.

教育的推动上。2005年9月，时任浙江省委书记习近平同志第五次来衢州考察时作出的重要指示："衢州历史悠久，是南孔圣地，孔子文化值得很好挖掘、大力弘扬，这一'子'要重重地落下去。""礼"是儒学文化之精华所在，强调"南孔圣地"，更应推崇"衢州有礼"。①

因此，为达成创造社会主义先进文化、提升全民文化素养、确保社会安定和谐的目标，打造"南孔圣地、衢州有礼"的城市品牌，不仅符合建设中国特色社会主义的要求，也是依循孔子儒学对提升文化素养的道德要求。在践行"衢州有礼"的全面社会教育运动中，本校如何落实"有礼"教育活动？其所根植的孔子礼学教育理论又是什么？本书分别从以下三个方面论述。

一、"明礼"之本在"仁"

推动"有礼"教育首重"明礼"。只有先明白"礼之教为何"，我们的所言所行才能有所依据。孔子在《论语·八佾》篇中曾说："人而不仁，如礼何？人而不仁，如乐何？"可见"仁"乃是作为"礼"的核心，因此，了解"仁"乃是明礼之本，也是掌握"有礼"活动的内涵所在。

"仁"在《论语》中被多处提及，甚至多于"礼"字，"仁"字分于五十八章中，共出现109次；"礼"字分于四十三章中，出现75次，显见"仁"的重要性。而"仁"的内涵为何？《论语·学而》篇中有子曾提及，一个能对父母尽孝、对兄弟友爱之人，是不会犯上作乱的，而此"孝悌"即是"仁之本"，而仁之本即是明礼之本。其意指：真正的礼乃是落实在我们每天生活的人际互动中，因为父母兄弟就是最亲

---

① 《中国城市报》(2018年8月13日　第8版—9版)

密的人，如果面对自己的家人都不知进退以礼以孝，更何况对待他人。

在学校中，最亲密的就是师长、同学、室友，明礼就是对他人的恭敬与尊重，及对自我的克制与节制。如《论语·颜渊》篇中，颜渊问孔子如何"为仁"？孔子答之曰："克己复礼为仁。一日克己复礼，天下归仁焉。为仁由己，而由人乎哉？"也就是说，孔子认为能自我约束，克制自我的私欲，依循人伦、社会应行之规范，即是为仁的表现。而其实践的条目，孔子进一步答复颜回说："非礼勿视，非礼勿听，非礼勿言，非礼勿动。"就是说，一个有文化礼教的人，其所言、所行、所观、所听必然合于社会规范及习俗。

因此，本校全面推动从外在环境着手的"打造有礼校园"。从打造有礼环境、养成有礼行为、塑造有礼心灵三方面着手整体营造校园的伦理氛围。而"国旗下的有礼教育"则是学校坚持了10年的升国旗仪式，旨在让青年学生通过观看庄严的升旗仪式，齐唱国歌，感受爱国主义情怀的力量。"三礼进校园"透过礼敬先贤、礼遇同袍、礼迎外宾系列活动，营造良好的校园文化氛围，在境教中让学生视、听、言、行皆合于礼。

二、"行礼"之宜在"义"

由上可知，是否"明礼"的外显行为在于"行礼"，而"行礼"的标准是否合宜，则有其判断的诸多条件，一如《中庸·廿章之二》所云："仁者，人也，亲亲为大；义者，宜也，尊贤为大。亲亲之杀，尊贤之等，礼所生也。"也就是指礼仪规范之所在，是因人际的亲疏远近而形成的不同要求。

所谓"义者，宜也"说的是一个人所应守之礼，是由一个人在社会的身份与地位决定的。所以，行礼是否合宜，依我们所扮演的角色而评断。"宜"意指人的正当行为，只要行为合乎社会规范，国家纪律者，就可以称之为"义"。

在《论语·季氏》篇中，更细节的提到"君子有九思"，即"视思明，听思聪，色思温，貌思恭，言思忠，事思敬，疑思问，忿思难，见得思义。"可以进一步说明在日常生活中，一个人如何面对不同处境时表现与之匹配的社会礼仪。

因此，行礼要能合"宜"，是对于身份的掌握与人际互动的适度性展现。落实到"衢职有礼"的活动中，就是身教有礼：学校举办的"我心目中的最美老师"评选活动就是通过表彰热爱事业、关爱学生、受学生尊敬的优秀教师典型，展示教师应有的行为，从身教中感染学生、感化学生。对于新进大学生则举办"青春成人礼"：寓礼于"志、教、乐"的成人宣誓活动，强化十八岁青年学生的有礼意识，并赋予大学生角色的社会责任意识。

而在日常生活中对人、对事、对情绪、对言行的礼仪应对则是在"体育文化与欣赏"课程中体现，课程中引领学生掌握常见比赛项目及规则的基本礼仪，懂得欣赏体育比赛，并在社交生活中养成懂礼貌、遵秩序、守规则的行为习惯。另外，通过举办"护士加冕仪式"活动，学生通过参加护士加冕仪式，能更好地了解护士角色的行业规范及社会责任，进而有效体现仪式的隐性教育功能，深化仪式的育人价值。

三、"用礼"之贵在"和"

礼节之作为规范，原有其区别差等之意，但人的相处之道并不是这样绝对的，因此，在《论语·学而》中被尊为儒学圣贤的有所提及："礼之用，和为贵。先王之道斯为美，小大由之。有所不行，知和而和，不以礼节之，亦不可行也。"从他的话中可以知道，礼仪之所用，其最重要的目标是在关系的和谐，这个和谐可以说适用于一切事情，小到自我的和悦、他人和我的和乐，大到社会的祥和、自然的和谐乃至世界的和平，这其实才是用礼追求的最高目标，而"和"则是建构在以礼节制行为的基础之上的。

因此，学校结合"立德树人"的教育目标，提炼出了以"见礼、明礼、献礼"为三大主轴的"衢职有礼"的文化，透过"有礼文化"培育有教养的现代青年，打造和谐校园，积极践行社会主义核心价值观。借由推动礼节让学生个人行为有序，能够自我和悦，进一步知道人与人往来的分寸，达到"人我和乐"，融入和谐社会，并与自然能够和谐统一。因此，在"用礼贵和"的理念下，本校设计了"衢州职业技术学院有礼公约"推动全校师生"学有礼，食有礼，寝有礼，行有礼"，让学生从中感受到自我和悦及人我和乐。而"口语交际"的课程设计，即是让学生在日常交往、工作等方面，能通过良好的沟通养成彬彬有礼、文明谦和的品格，建立和谐的人际关系。

"橙色同伴课堂"则是进一步以社团结对共建，通过手语助教培训等同伴互助活动，共同帮扶聋哑青少年，让社会不分阶层、贫富皆能相伴相助，共建和谐社会。对于人与自然的和谐，本校设计了"垃圾分类：新青年的生态文明行动"践行"两山"理论、助力"五水共治"、打开垃圾分类革命的"心门"，倡导绿色发展，建设生态屏障，以达共建"生态文明"的目标。

综上所述，本校出版"衢职有礼"专书是植根于孔子"明礼之仁""行礼之义""用礼之和"的礼学思想，并体现党的十九大精神，符合中国特色社会主义的核心价值观，不仅是具体落实"衢州有礼"的全面社会教育目标，也是创造社会主义先进文化、提升全民文化素养，构建和谐社会主义的有力实践。

"衢职有礼"专书分成"活动课程篇""潜在课程篇""通识课程篇"。

"活动课程篇"包括"见礼"（含国旗下的有礼教育、三礼进校园）、"明礼"（含护士加冕仪式、特色晚自习、杜拉拉训练营、垃圾分类）、"献礼"（含青春成人礼、橙色同伴课堂、课堂有礼）。"潜在课程篇"包括打造有礼校园（境教）、我心目中的最美老师（身教）及文明寝室创建实施方案（制教）。"通识课程篇"包括思想道德修养与法律基础、口语交际、体育礼仪与欣赏三门课程。

"衢职有礼"思政课程围绕育人知礼、诲人明礼、引人践礼三方面，打造"衢职有礼"思政育人体系，目前已经取得了显著成效。

第一，礼仪绩效提升。如信息工程学院从2008年推出"国旗下的有礼教育"至今十年来，全学院同学每周一都举行升旗仪式从不间断，已累计达38万4千人次参与，每年当兵人数从5人增加到30人，增长了6倍。"课堂有礼"自2018年9月推出，全校已有94.4%的教师有效引领课堂礼仪。

第二，覆盖面拓宽。医学院全体二年级护理学生参与"护士加冕仪式"者，每年均达100%。"青春成人礼"新生参与比例由2016年的49%增加到2018年的100%。"杜拉拉训练营"每年参与女生均达到预期人数，90%参与者的学习成绩、活动能力显著提升。

第三，满意度提高。以"青春成人礼"为例，观众好评率从2016年的87.5%上升为2018年的96.2%。"橙色同伴课堂"行动则将我们的"公益有礼"文化送出了校园，回馈给社会。活动开展以来，2016~2018年帮扶聋哑青少年人数依序为32人、87人及126人，占需帮扶聋哑青少年的比例依序为21%、56%和81%。

第四，礼文化教育更丰富多元。课程体系从以前单一仪式的课堂礼仪教育延展到职场礼仪修身、传统文化弘扬等方面。

第五，校园和谐有礼的文化氛围更浓厚。系列活动受到了社会各界的积极关注，被《浙江教育报》《浙江新闻》《衢州日报》《衢州晚报》

等媒体广泛报道。

"衢职有礼"思政课程体系对于弘扬中华传统文化、培养有礼青年，打造社会和时代需求的适应型人才具有重要意义。其在丰富教育理论，培养国家栋梁，弘扬传统文化，建成文明和谐的世界文化强国等方面具有深远意义。

国旗下的有礼教育：坚持 10 年的爱国主义教育

一、活动设计理念

社会主义核心价值观是社会主义核心价值体系的内核，"爱国、敬业、诚信、友善"是公民基本道德规范，是从个人行为层面对社会主义核心价值观基本理念的凝练。爱国是基于个人对自己祖国依赖关系的深厚情感，也是调节个人与祖国关系的行为准则。它同社会主义紧密结合在一起，要求人们以振兴中华为己任，促进民族团结、维护祖国统一、自觉报效祖国。党的十八大以来，党中央高度重视弘扬爱国主义精神、加强爱国主义教育，习近平总书记多次就弘扬爱国主义精神发表重要讲话。

2015 年 12 月 30 日，习近平总书记在中央政治局第二十九次集体学习时指出，爱国主义是中华民族精神的核心，实现中华民族伟大复兴的中国梦是当代中国爱国主义的鲜明主题，并且就弘扬爱国主义精神提出"五个必须要求"：第一，弘扬爱国主义精神，必须把爱国主义教育作为永恒主题。要把爱国主义教育贯穿国民教育和精神文明建设全过程。要深化爱国主义教育研究和爱国主义精神阐释，不断丰富教育内容、创新教育载体、增强教育效果。第二，弘扬爱国主义精神，必须坚持爱国主义和社会主义相统一。我国爱国主义始终围绕着为实现民族富强、人民幸福而发展，最终汇集于中国特色社会主义。祖国的命运和党的命运、社会主义的命运是密不可分的。第三，弘扬爱国主义精神，必须维护祖国统一和民族团结。在新的时代条件下，弘扬爱国主义精神，必须把维护祖国统一和民族团结作为重要着力点和落脚点。第四，弘扬爱国主义精神，必须尊重和传承中华民族的历史和文化。对祖国悠久历史、深厚文化的理解和接受，是人们爱国主义情感培育和发展的重要条件。中华优秀传统文化是中华民族的精神命脉。要努力从中华民族世世代代形成和积累的优秀传统文化中汲取营养和智慧，延续文化基因，萃取思想精华，展现精神魅力。第五，弘扬爱国主义精神，必须坚持立足民族和面向世界。中国的命运与世界的命运紧密相关。我们要把弘扬爱国主义精神与扩大对外开放结合起来，尊重各国的历史特点、文化传统，尊重各国人民选择的发展道路，善于从不同文明中寻求智慧、汲取营养，增强中华文明的生机活力。我们要积极倡导求同存异、交流互鉴，促进不同国度、不同文明相互借鉴、共同进步，共同推动人类文明发展进步。

2018年9月10日，在全国教育大会上，习近平总书记强调，要在厚植爱国主义情怀上下功夫，让爱国主义精神在学生心中牢牢扎根，教育引导学生热爱和拥护中国共产党，立志听党话、跟党走，立志扎根人民、奉献国家。

习近平总书记指出："要结合自己的历史传承、区域文化、时代要求，打造自己的城市精神，对外树立形象，对内凝聚人心。"① 城市品牌，是一个城市有别于其他城市的独特符号、气质和精神。打响城市品牌，既是一个地区发展全方位、深层次的战略工程，也是加强基层

---

① 《人民日报》2015年12月23日第1版。

治理和优化营商环境的战略举措。衢州以打造"一座最有礼的城市"为导向，确立"南孔圣地、衢州有礼"的城市品牌，引领和推动高质量发展，体现了对衢州历史文化的传承与创新，展现了衢州面向未来的开放与自信，是立足新的历史方位向时代和人民交出的满意答卷。

为延伸和深化衢州市提出的"衢州有礼"城市建设的内涵以及衢州职业技术学院"有礼教育"的理念，践行学校培养具备爱与关怀和尚德弘毅的匠心型人才，积极推进信息工程学院活动课程改革，培养学生爱岗敬业、宽宏坚毅的核心能力，信息工程学院每周都会定期举行全体学生的升旗仪式。一次成功的升旗仪式往往就能以情载理，情理交融，震撼心灵，催人奋进，使人终生难忘。

爱国是一切社会主义建设工作的精神基础，贯穿国民教育的全过程。爱国这种民族精神不仅是一种朴素情感的表达，也是一种理性要求的体现。爱国直接表现为学生把个人的前途和命运同中华民族的前途和命运紧密地联系在一起，为祖国的繁荣富强而尽忠守职的高度责任感和无私奉献的精神。爱国还是每一个学生义不容辞、不可推卸的责任。作为国家公民或者民族的一员，应该承担起保卫祖国、抵御外来侵略、建设美好家园的责任。爱国是具体的，不是抽象的，是随时代的变化而呈现不同的要求的，而不是一成不变的。爱国主义的生命力就在于时代不断地赋予它新的内涵。在建设中国特色社会主义的今天，培育和践行爱国主义价值观，把以爱国主义为核心的民族精神与以改革创新为核心的时代精神紧密的结合起来，强化爱国责任意识，形成凝心聚力的兴国之魂、强国之魂，从而实现中华民族伟大复兴的中国梦。

国旗是一个国家的标志，五星红旗是中华人民共和国的象征。通过庄严的升旗仪式，打造了良好的升旗仪式感，依托"看、听、讲、唱、学"的活动形式，对青年学子进行国旗下的爱国主义教育，激发青年学子敬畏国旗、热爱祖国的思想情感，在青年学生中形成了浓厚的爱国主义氛围。

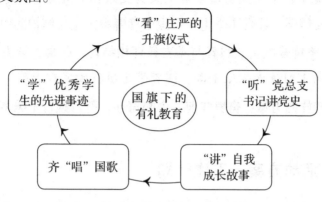

图 1-1 国旗下的有礼教育结构框架图

本项活动主要特点有四个方面：

（一）坚持不懈地以爱国主义教育为主题，贯穿大学生思想政治教育全过程。爱国主义是中华民族的光荣传统，是推动中国社会前进的巨大力量，是各族人民共同奋斗的精神支柱，是社会主义精神文明建设主旋律的重要组成部分，同时也是中国培养四有新人的基本要求。爱国主义教育是提高全民族整体素质的基础性工程，是引导人们特别是广大青少年树立正确理想、信念、人生观、价值观，促进中华民族振兴的一项重要工作。信息工程学院从2008~2018年坚持"十年如一日"进行升国旗仪式，让青年学生通过观看庄严的升旗仪式、衢州职业技术学院国旗护卫队军人的风采，齐唱国歌，在仪式感中感受爱国主义情怀的力量。

（二）坚持爱国主义教育与党史、历史相结合，拓宽大学生思想政治教育方式。进行爱国主义教育，就是要从学习历史入手，特别是要学习近代史和现代史，使学生了解祖国的历史和现状，引导学生树立民族自尊心和自信心，树立对自己祖国的高度责任感和祖国利益高于一切的思想，树立为祖国、为人民勇于献身的精神，结成最广泛的统一战线，把爱国之心、报国之志转化为爱国行动。在国旗下听党总支书记讲党史，学生党员讲爱国主义历史人物事迹等形式，生动地传播爱国主义精神，让青年学生在历史中理解爱国主义精神的内涵。

（三）坚持爱国主义教育与党史教育相结合，鼓励大学生践行中国梦。在国旗下对优秀学生干部、优秀学生进行颁奖和表彰，让学生通过学身边榜样的力量，奋勇向前，不断奋斗，努力践行中国梦。

二、活动方案、工作计划

国旗下的有礼教育活动是"衢职有礼"活动课程的组成部分，作为正式课程的补充，着重培养学生爱与关怀、尚德弘毅的精神品质。活动通过看庄严的升旗仪式、衢职国旗护卫队的军人风采；听书记讲党史，同学讲事迹；广大青年学生齐唱国歌；在国旗下表彰优秀学生，向优秀榜样学习，以"看、听、讲、唱、学"的形式，依托升旗仪式为平台，将爱国主义教育传输给广大青年学生。具体活动方案详见附件1《"国旗下的有礼教育"活动方案》。

三、活动成果

信息工程学院2008~2018年十年间，从开学第一天开始，全学院同学每周的周一早晨都会举行升旗仪式，每学期为期16周次，全年累计32周次，每周平均参与人数为1200人，全年累计参与38400人，十年累计384000人。

通过国旗下的教育，信息工程学院每年当兵人数从2010年的5人增加到2018年的30人，人数增长了6倍。（如图1-2）

专升本人数逐年上升，从2010年的12人增长到2018年的65人，人数增长了5倍。（如图1-3）

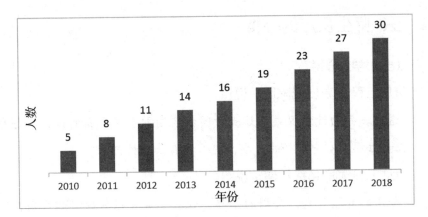

图 1-2　信息工程学院当兵人数统计图

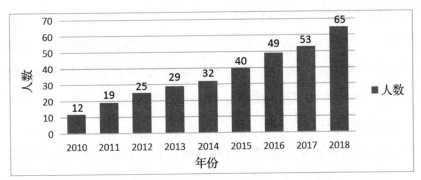

图 1-3　信息工程学院专升本人数统计图

四、活动照片

国旗护卫队日常升旗

每周升旗仪式

五、师生反应的心得

（一）学生心得

信息工程学院 15 级陈同学说：

"通过三年的升旗仪式，让我对国旗、国歌有了重新的认识。每当看到五星红旗在空中飘扬的时候，内心都有着一种自豪感。"

信息工程学院 16 级汪同学说：

"每周的升旗仪式，每周的早起，让我养成了很好的早起习惯，有了克服困难的决心，让我在专业学习中也更有自信。"

信息工程学院 17 级王同学说：

"每周一次的升旗仪式，使我形成了良好习惯，再到后来深入思想意识。作为大学生，除了学习专业知识以外，关注国家大事和社会热点，培养良好的生活习惯和自律精神，也是必修课程。"

信息工程学院 18 级王同学说：

"作为一名新生参与学院组织的升旗仪式让我知道了'少年强则国强'，我们是祖国的未来，建设祖国的重任总有一天会落到我们身上。在竞争日益激烈的今天，我们必须发奋图强，打好扎实的文化基础，练好技能，才能在长大后为建设祖国而效力。"

（二）教师心得

衢州职业技术学院信息工程学院赵老师说：

"每周一的升旗仪式都是一次很好的爱国主义教育活动，不仅可以进行爱国主义教育，还可以进行大学生的思想政治教育，可以向全体同学宣讲学校活动，让广大同学在周一的时候就可以及时了解这一周学校的动态，帮助同学们合理安排这一周的学习生活。"

衢州职业技术学院信息工程学院金老师说：

"每次升旗仪式都是一次生动的爱国主义教育，国旗迎着朝阳冉冉升起，在每个同学的心中悠然而生一种莫名的感动。虽然仪式简单，但意义深远。我相信，在场的每一个人，都能够深深体会到了那种与众不同的心动时刻，感受到了那鼓舞人心的振奋。作为新时代大学生，我们应该共同努力，为祖国的明天奋斗。国运昌盛，国旗飘扬，同心协力，看我民族豪迈屹立在东方。"

六、推广经验分享

信息工程学院的升旗仪式活动以学生为主体，由学生干部负责组织，活动覆盖面广、参与度高、影响力强，在学生群体中形成了很好的升旗仪式传统，展现了青年学生的爱国主义情怀。

升旗仪式有利于创设情境，引起学生感情上的共鸣，它在爱国情感的形成过程中具有特殊的基础性作用。爱国情感作为一种高层次的社会性情感，它不同于本能性的情绪反应，它的形成过程是社会思想情感内化为个体情感的过程。在内化过程中发挥着特殊的中合作用。庄严的升旗仪式，学生耳听雄壮的《义勇军进行曲》，目视鲜艳的五星红旗冉冉升起，口唱激人奋进的国歌，这种浓烈的环境氛围最能感染人。既把所有参加升旗仪式的学生带入到一个特殊的境界，也创设了一个最佳的教育时机。在此情境中，学生从直觉的情绪体验，不由自主地发展到想象性的体验水平，随着情境的延续，学生的情感逐步加深，最终由于情感的弥散渗透到学生内心世界的各个方面，形成相对稳定的情感态度、价值取向，融入学生的个性之中。在这种"含蕴理念"的主导下，促使学生感情的得到升华。

尽管升旗仪式的基本程序是固定不变的，但"国旗下的讲话"内容是丰富多彩的，主讲的形式是多样的。它从爱国主义教育的不同方面，为大学生的认识活动、思维活动、语言活动、意志活动，提供了取之不尽、用之不竭的资源。从这种"爱"的情感涉及对象来看，包括祖国的山河土地等自然实体，自己的骨肉及民族的历史文化等人文实体，还有国家的标志实体。从爱国情感的内部成分来看，包括美感、自豪感、忧患感、责任感、屈辱感等多种构成成份。由此可见，"国旗下的讲话"选择什么样的内容，就是一个值得思考的问题。

虽然经过十年的升旗仪式活动，在学生群体中取得了良好的爱国主义教育影响，但在精致设计，丰富内容，充分激发青年学子爱国报国的情感方面还需要进行补充，并提出以下改进措施：

（一）规范升旗仪式的程序，以境育情

学校的升旗工作像一堂庄严的"必修课"，对这庄严的"必修课"，我们必须认真地设计好它的"结构"，出旗—升旗—唱国歌—国旗下讲话，必须一环扣一环。出旗时，既要有旗手，又要有护旗手；升旗时，全体师生必须严格执行礼仪规定，面向国旗，行注目礼或行队礼；唱国歌时，必须严肃庄重；国旗下讲话，既要有计划性，又要有针对性；既要展望未来，又要联系实际。每一次升旗仪式，犹如一次阅兵仪式，让感人的场景对置身于活动中的主体施加影响，促使学生们以最佳的情绪状态参与到活动中去，使每一次升旗仪式更加庄严有序。

（二）丰富"国旗下讲话"内涵，加强德育教育

国旗下讲话虽然只有短短几分钟时间，但要让学生们从中感受到爱国主义精神并不容易。因此，演讲材料筛选至关重要。爱国主义思想的形成，包含着一个从"爱"发展的"主义"，即从情感升华到信念的复杂精神过程。不同学习阶段的学生，对爱国主义的理解也各不相同。因此，国旗下讲话的内容一定要考虑学生的年龄特征和学校实际相结合（譬如：爱国教育、安全教育、纪念日教育、疾病预防教育、学习方法教育、良好卫生习惯教育等等）注意系统性和针对性。在写国旗下讲稿时，要根据内容，有计划、有目的地选取合适的语言，将爱国主义精神"融入"在国旗下讲话之中。致辞者的语调也要灵活多变，该激昂时，昂奋动情，令人肃然；该委婉时，细雨霏霏，使人感怀。这样动情地渲染，牵动学生的情思，引起学生情感上的共鸣，不仅对祖国的历史和现代的某些面具有自豪感，还能从许多事例中得到启迪，具有一定的忧患意识，从而筑就民族振兴的爱国主义情怀，激发出民族的自信心和奋斗精神。

（三）注重升旗手的选拔，以情育人

旗手、护旗手是一种荣誉，一般由优秀学生担任，充分发挥榜样的示范作用。尤其是建立升旗队伍轮流升旗制，促使每个学生都想在这一天发挥最好的水平。但适当地选拔在一段时间内师生公认有大的稳定进步的后进变先进的学生担任升旗手，对后进生的转化更会起到时不可低估的作用。升旗仪式既庄严又肃穆，在这样的氛围中，后进生抬头挺胸地参与升旗活动，心灵上受到的震撼是一般的表扬所无法比拟的，他会感受到集体的温暖，非常珍惜这难得的荣誉，更进一步激发其强烈的荣誉感和进取心，变压力为动力，鼓起前进的信心和勇气。

（四）针对新生和毕业生群体，加强入学和毕业思想政治教育

理想信念教育是大学生德育的重要组成部分，也是提高大学生思想道德修养和基本素质的主要内容之一。针对当前大学生理想信念教育出现的新问题新情况，抓住主要问题，找准存在问题的原因，从更深层次探讨解决大学生理想信念教育有效性的途径，是一个值得不断探讨和总结的话题。因此，对于部分大学生价值取向扭曲、社会责任感缺失、理想信念模糊、政治信仰迷茫，做好思想政治教育至关重要。通过理想信念教育，在大学生这个重要的青年人群体之中，弘扬以爱国主义为主要内容的民族精神和以改革创新为重点的时代精神，发扬集体主义精神，坚定社会主义信念，使全体大学生始终保持积极进取的人生态度、昂扬向上的精神状态和不屈不挠的坚强意志。

（五）结合重要纪念日开展升国旗活动，丰富教育内容，增强教育效果

自2012年以来，升国旗活动除了在每周一清晨开展，还在"3.5学雷锋纪念日"、五四青年节、七一建党纪念日、九一八事变纪念日、国庆节、一二·九运动纪念日等重要纪念日举行，并在升国旗仪式前后开展纪念日介绍和以纪念为主题的国旗下演讲，以生动的事例激发同学们爱我中华、矢志报国的热情与斗志。

（六）纳入主题宣讲、国旗下演讲、和国旗合影等特色环节，增强活动的教育性与吸引力

升国旗主题活动在升国旗仪式之外，还策划了国旗知识宣讲、纪念日主题宣讲、国旗下演讲、合影、横幅签名、赠送主题明信片、盖活动纪念邮戳等多个环节，环环相扣，动态渐热。升旗仪式开始前，由国旗护卫队同学做主题宣讲，向同学们介绍《中华人民共和国国旗法》、纪念日历史和意义等相关知识。随后举行庄严的升国旗仪式，全体同学向国旗行注目礼，齐声高唱国歌。礼毕，由一名或多名同学代表做国旗下演讲。活动结束后，同学们与国旗护卫队在刻有实事求是的四字石前合影留念，参与主题横幅签名活动，或在主题明信片上盖活动纪念邮戳。

附件1

"国旗下的有礼教育"活动方案

一、活动宗旨

以"国旗下的有礼教育"为载体，开展深入、持久、生动的爱国主义宣传教育，让爱国主义精神在广大青年学生心中牢牢扎根，培养爱国之情、砥砺强国之志、实践报国之行。

二、活动主题

爱国 有礼 成才

三、办理单位

主办单位：信息工程学院

承办单位：信息工程学院学生工作办公室

协办单位：信息工程学院团委、学生会

四、时间地点

每学期每周一早晨6：50，教学楼前国旗台下

五、参加对象、服务人数

信息工程学院全体在校生（1200-1400人）

六、活动内容

（一）观看庄严的升旗仪式，感受国旗护卫队军人风采。周一早晨6：50开始集合，7：00时，国旗护卫队踏着整齐有力的步伐，将鲜艳神圣的五星红旗护送到国旗台下升旗手中，此时，慷慨激昂的国歌响起，国旗有节奏感地缓缓升起。每周一次富有爱国主义情感的51秒国旗注视，既是爱国情怀，也是自我净化。

（二）唱慷慨激昂的国歌。同学们的目光在随着国旗向上移动时，齐唱国歌，激发情怀。

（三）听书记讲党史和社会热点。升旗完成后，书记会将一周社会热点传递给学生，或者讲中国共产党党史，观今鉴古，深化学生强国之志。

（四）学优秀学生的先进事迹，弘扬中华民族精神。升旗完成后，对优秀学生先进事迹进行表彰，让更多的学生找到身边的榜样，促进自我反思成长。

（五）讲自我成长故事。邀请进步的学生分享自己的改变历程和成长心得，践行自己的理想，助力中国梦。

七、预期效益

（一）深入激发学生的爱国主义情怀，增强学生践行社会主义核心价值观的责任感。

（二）培养学生爱与关怀、尚德弘毅的精神品质。"尚德"是根本，"弘毅"是保障，"知行合一"是途径。"尚德弘毅，知行合一"校训蕴含着学校对传统儒学文化的弘扬与传承，诠释了人才培养的追求和理念，彰显了对当前职业教育的独特理解和把握。

（三）促进学生形成良好的自我管理素质。德育工作是培养良好思想品德和指导学生健康成长的重要途径。教师必须联系各种教育影响力量，结合本班实际情况有计划地开展各种教育活动，加强班级管理，形成良好的班风；要注意发挥学生的主观能动性，培养他们自我教育和自我管理的能力。

（四）引导学生树立远大理想，增强行动力，使学生树立科学的人生观，并以其为指导，选择正确的人生道路。

三礼进校园：敬礼、遇礼、迎礼

一、活动设计理念

党的十八大以来，习近平同志在关于文化发展繁荣的系列重要论述中，多次强调文化自信。习总书记指出，中国的自信，本质上是文化自信。文化自信，是继道路自信、制度自信、理论自信之后，中国极为重视的第四个自信。在十九大报告中，习近平同志提出："没有高度的文化自信，就没有中华民族的伟大复兴。"[①]由此可见，文化自信对我国建设与发展具有非常重要的作用，时代的进步与发展要求继承和弘扬我国优秀传统文化。在5000多年文明发展史中孕育的中华优秀传统文化，积淀着中华民族最深厚的精神追求，代表着中华民族独特的精神标识。

中华优秀传统文化的核心是儒学文化。2005年9月，时任浙江省委书记的习近平同志第五次来衢州考察时作出重要指示："衢州历史悠久，是南孔圣地，孔子文化值得挖掘、大力弘扬，这一'子'要重重地落下去。"如果说"南孔圣地"是衢州文化之"根"，那么"衢州有礼"

---

① 决胜全面建成小康社会 夺取新时代中国特色社会主义伟大胜利——在中国共产党第十九次全国代表大会上的报告 [M]. 北京：人民出版社，2017:41.

则可打造成衢州文化之"魂"。"礼"是儒学文化之精华所在，强调"南孔圣地"，更应推崇"衢州有礼"。近年来，衢州以打造"一座具有礼的城市"为导向，确立"南孔圣地、衢州有礼"的城市品牌，体现了对衢州历史文化的传承与创新，展现了衢州面向未来的开放与自信，同时也对衢州市精神文明建设提出了新的标准和要求。

在优秀传统文化的传承过程中，教育是一种极为重要的传播途径，能够将我国传统文化深入贯彻到教学过程中，从不同学科和领域向多样化的传统文化渗透，进而不断增强学生对优秀传统文化的热爱和信心。学生精神文明素养是一个城市精神文明的窗口，衢州职业技术学院为了提高学生精神文明素养，弘扬传统文化，提升学生的文化自信，以培养"身心健康、爱与关怀和尚德弘毅的匠心型人才"为教育目标，让礼文化"内化于心、外化于行"，围绕"南孔圣地、衢州有礼"的城市品牌建设，打造"三礼进校园"活动课程，即礼敬先贤——青年学子参加学祭典礼活动课程、礼遇同袍——青年学子分享礼学经典活动课程、礼迎外宾——青年学子礼迎外国友人活动课程（以下简称"三礼进校园"活动课程）。

本项活动课程主要特点包括以下几个方面：

（一）"三礼进校园"活动拓宽了思想政治教育渠道。思想政治理论课是思想政治教育的主阵地和主渠道，其他哲学社会科学课程同样也具有开展思想政治教育的重要职责。"三礼进校园"活动课程不是课堂教学，它是一种特殊的场域教育，是以观念传播、情绪体验、文化交流为主要形式的道德实践。从思想政治教育的角度来看，"三礼进校园"活动课程是一种以弘扬传统文化为内容的特有的情境教育与活动形式，它密切结合现实学习生活，将思想政治教育融入个体生活与文化活动实践中。"三礼进校园"活动课程体现了全方位育人的理念，同时也进一步拓宽了思想政治教育的渠道，对于提升学生精神文明素养具有重要作用。

（二）弘扬了中华优秀传统文化。中华优秀传统文化具有丰富的文化价值和精神内涵，发挥我国优秀传统文化的作用，需要每一位国人都树立坚定不移的文化自信，更需要广大学子对中华传统文化进行传承和弘扬。"三礼进校园"活动课程将优秀传统文化有目的、有计划地向所有学生推进，将文化的传播与具体的教育相互结合起来，开展多样化传承活动，让中华优秀传统文化在学生的实际学习和生活中积极传播和弘扬，在引导学生自身言行的同时不断提升广大学生对我国优秀传统文化的认同感，提高优秀传统文化的社会影响力。

（三）提升了学生的综合素养。"三礼进校园"活动课程在激发参与者道德情感方面有着不可替代的作用。一方面，此活动通过情感的体验和升华，促进道德的内化。它以仪式的洗礼、活动的体验，为每个参加者带来了情感的融合，使他们感到有信心、热情和愿望去践行有礼的深刻内涵。另一方面，此活动课程以寓教于乐的形式，使优秀传统文化在广大青年学子中广泛传播，将有礼文化在广大学子中内化于心、外化于行。对于提升学生的综合素养，培养有礼青年，打造社会和时代需求的适应性人才具有重要意义。

（四）加强了学生的思想引领。"三礼进校园"带领广大青年学子礼敬先贤、礼遇同袍、礼迎外宾，深层次参与和体验传统文化活动，对于中华优秀传统文化的传播和弘扬具有重要意义，同时对于学生的思想引领具有重要作用，有助于引导学生在青年时期形成正确的世界观、人生观、价值观。

二、活动方案、工作计划

"三礼进校园"活动课程即为礼敬先贤、礼遇同袍、礼迎外宾系列活动课程，是将传统文化与礼仪教育相结合，在学习和传承传统文化的同时引导广大学生知礼、明礼、践礼，对于丰富校园文化氛围，提升学生的综合素养，弘扬优秀传统文化，推动衢州文明城市的创建具有重要意义。

（一）礼敬先贤——青年学子参加学祭典礼

孔子，是我国伟大的教育家、思想家，儒家学派创始人，世界著名的文化名人之一。他的思想和学说，不仅对中国文化影响深远，同时对世界文明亦作出了不朽贡献。孔子的精神光泽、文化精华，几乎浸润到中华大地乃至世界的每一寸土壤。中国许多地方都建有孔庙，但孔氏家庙，普天之下只有两处，北在山东曲阜，南在浙江衢州。

中华传统文化的核心是儒家文化，是中华文明的优秀文化遗产。2011年5月，以"当代人祭孔"和"百姓祭孔"为特色的南孔祭典，被列入中国第三批国家级非物质文化遗产名录。9月28日，是孔子诞辰纪念日。为了追悼先贤，弘扬优秀传统文化，让孔子文化深入学生心中，缅怀孔子心系大同、诲人不倦、德育世界、道贯天地的生平和精神，让广大学子深刻领会儒家思想古为今用、教化万民、繁荣文化、促进和谐的重要作用，每年9月28日，广大师生和社会各界人士齐聚神圣肃穆的大成殿，于千年古柏绽放的迷人风采中，共同纪念这位伟大的先哲。

（二）礼遇同袍——青年学子分享礼学经典

中国是传承千年的礼仪之邦。相传在3000多年前的殷周之际，周公制礼作乐，就提出了礼治的纲领。其后经过孔子和七十子后学，以及孟子，荀子等人的提倡和完善，礼乐文明成为儒家文化的核心。西汉以后，作为礼乐文化的理论形态和上古礼制的渊薮，《仪礼》《周礼》《礼记》先后被列入学官，不仅成为古代文人必读的经典，而且成为历代王朝制礼的基础，对于中国文化和历史的影响之深远，自不待言。随着东亚儒家文化圈的形成，礼乐文化自然成为了东方文明的重要特色。毋庸置疑，要弘扬中华优秀传统文化，就必须学习中国礼乐文化。

礼遇同袍——青年学子分享礼学经典活动课程，倡导广大青年学子阅读礼学相关文献材料，并通过读书分享会的形式，分享阅读感受，引导广大学子养成良好的阅读习惯，学习礼仪文明基本知识、分享礼学文化，进而培养学生的人文素养、建立良好操守，并引导学生在生活中践行中华传统礼仪，营造"衢职有礼、书香四溢"的校园文化氛围。

（三）礼迎外宾——青年学子礼迎外国友人

中国具有五千年文明史，素有"礼仪之邦"之称。文明礼仪作为中华传统文化的重要组成部分，对中国社会历史发展起到了广泛而深远的影响。礼仪是人类社会促进人际交往友好和谐的道德规范之一，是构建起人与人和睦相处的桥梁。它标志着一个社会的文明程序，反映着一个民族的精神面貌。

为弘扬中华优秀传统文化，传承有礼文明，增强国际交流，丰富校园文化生活。每年在冬至这天我校都举办"情满冬至、礼贯衢职"文化交流活动，带领广大学生与衢州市区学校外教及外国友人共度冬至，让广大在衢的外国友人感受、体验中华民族传统文化的精髓，引导广大学生以礼待人。

活动方案详见附件1《礼遇同袍——青年学子分享礼学经典》、附件2《礼迎外宾——青年学子礼迎外国友人》，活动纪实详见附件3《"三礼进校园"系列活动纪实》。

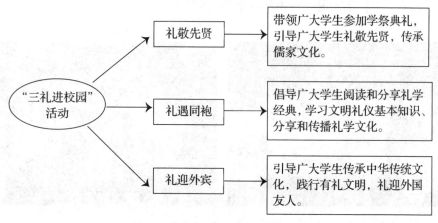

图2-1 "三礼进校园"活动架构图

三、活动成果

自"三礼进校园"系列活动开展以来，参与学生逐年增加，共计4300多名学子参加了礼敬先贤、礼遇同袍、礼迎外宾系列活动，营造了良好的校园文化氛围。在活动中，广大青年学子深受"礼"文化的洗礼。活动被《衢州日报》《掌上衢州》等媒体报道。

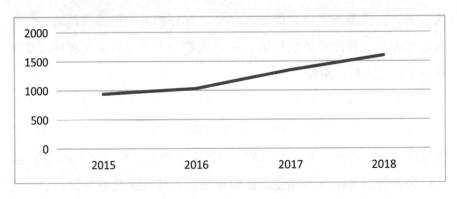

图 2-2　"三礼进校园"活动近四年参与人数逐年增加

四、活动照片

（一）礼敬先贤——青年学子参加学祭典礼

师生参与学祭典礼

（二）礼遇同袍——青年学子分享礼学经典

汉服作揖　　　　　　　　　　　　书香四溢

（三）礼迎外宾——青年学子礼迎外国友人

外国友人体验传统文化　　　　　青年学子展示手工艺作品

五、师生反应心得

（一）学生心得：

16金融班何速菲同学：

祭孔大典通过礼、乐、歌、舞等形式表达对孔子的追忆和敬仰。不仅是对儒家学派创始人孔子的尊敬，更是对我国传统文化的敬畏和推崇。圣地起雅乐，金秋祭先师，通过祭孔大典，能够对至圣先师孔子和儒家文化产生更为深刻的理解，传承和弘扬中华民族传统文化中的风雅之姿。

17护理7班俞炯黎同学：

在冬至举办"情满冬至、礼贯衢职"文化交流活动是弘扬中华民族传统文化，丰富校园文化生活的一项有效载体，同时对于引导我们广大学生以礼待人具有重要的教育意义！

（二）教师心得：

校党委副书记陈青：

读书会内容丰富、形式多样，同学们通过品读经典、赏析诗文等方式，围绕中华优秀传统文化，结合社会主义核心价值观抒发感怀，对于引导广大青年学子知礼、明礼、践礼具有重要意义。

校团委副书记徐天：

"三礼进校园"活动打造的是阶梯式礼学教育的活动课程，"礼敬先贤"活动课程旨在让学生们感受礼文化，"礼遇同袍"活动课程旨在让学生们学习礼文化，"礼迎外宾"活动课程旨在让学生们践行礼文化。学校通过系列活动教育为青年学子搭建了良好平台，全方位引导学生知礼、明礼、践礼。

六、推广经验分享

"三礼进校园"活动课程是阶梯式礼学教育的活动课程，通过系列活动引导广大青年学子体验有礼文化、学习有礼文化、践行有礼文化，全方位引导学生知礼、明礼、践礼。

（一）礼敬先贤，体验儒学文化

孔子作为中国伟大的思想家、教育家，他的思想和学说，不仅对中国文化影响深远，同时对世界文明亦作出了不朽贡献。带领青年学子参加祭孔大典，可以在广大学子中弘扬中华传统文化，让孔子文化深入学生心中，缅怀孔子心系大同、诲人不倦、德育世界、道贯天地的生平和精神，让广大学子深知儒家思想古为今用、教化万民、繁荣文化、促进和谐的重要作用，引导广大同学了解孔子文化，传承儒学经典，同时深受礼文化熏陶与洗礼。

（二）礼遇同袍，学习有礼文化

中国是传承千年的礼仪之邦。要弘扬中华民族优秀传统文化，就必须学习中国礼仪文化。礼遇同袍——青年学子分享礼学经典活动课程，是发动广大学生大量阅读礼学相关文献材料，并通过读书分享会的形式，分享阅读感受，引导广大学子养成良好的阅读习惯，学习礼仪文明基本知识、分享和传播礼学文化。礼遇同袍活动课程以寓教于乐的形式引导广大学生更深层次学习和理解中华有礼文化。

（三）礼迎外宾，践行有礼文化

礼迎外宾活动是诸多校园活动的重要创新，其特点在于在中国传统节日冬至日，向外国友人展示中国传统文化，包括食物、手工艺作品、舞蹈、武术、茶艺等等，带领广大学生与衢州市区学校外教及外国友人共度冬至，让广大在衢外国友人感受关怀与温暖，引导广大学生践行礼文化，以礼待人。

创建全国文明城市对公民精神素养的要求越来越高，高校学生的精神文明素养是一座城市精神文明素养的窗口，"三礼进校园"系列活动应创造更多的载体，多元化、多层次、多角度提高学生精神文明素养，扩大受众度，提高参与面，力争打造新时代的有礼青年。

附件 1

礼遇同袍——青年学子分享礼学经典活动方案

一、活动宗旨

中国是传承千年的礼仪之邦，要弘扬中华优秀传统文化，就必须学习中国礼仪文化。礼遇同袍——青年学子分享礼学经典活动课程，倡导广大学生阅读礼学相关文献材料，并通过读书分享会的形式，分享阅读感受，引导广大学子养成良好的阅读习惯，学习礼仪文明基本知识、分享和传播礼学文化。

二、办理单位

主办：团委

承办：学生会、社团联合会、团务中心

三、办理时间及地点

时间：每年4~5月

地点：校大学生活动中心

四、服务对象

大一、大二学生

五、活动流程

礼遇同袍——青年学子分享礼学经典活动课程主要分为两个阶段，具体如下：

第一阶段：以"礼"文化为主题在全校范围内开展征文比赛，评选优秀的征文作品；

第二阶段：邀请参加征文活动的优秀作者参加读书分享会，对"礼"学经典进行深度学习和解读。

六、预期效益

礼是中华优秀传统文化的精髓，礼遇同袍——青年学子分享礼学经典活动课程旨在引导更多的学生学习和深度了解礼学文化、培养学生的人文素养、建立良好的文明操守、引导学生在生活中践行中华传统礼仪，营造"书香四溢、衢职有礼"的校园文化氛围。

附件 2

礼迎外宾——青年学子礼迎外国友人活动方案

一、活动宗旨

礼仪是人类社会促进人际交往友好和谐的道德规范之一，是构建起与他人和睦相处的桥梁。中国具有五千年文明史，素有"礼仪之邦"之称。礼仪文明作为中国传统文化的一个重要组成部分，对中国社会历史发展起到了广泛深远的影响。礼迎外宾——青年学子礼迎外国友人活动课程旨在引导广大青年学子传承有礼文明、践行有礼文明。

二、办理单位

衢州职业技术学院

三、办理时间及地点

时间：冬至日

地点：校大学生活动中心

四、服务对象

大一、大二学生

五、活动流程

礼迎外宾——青年学子礼迎外国友人活动流程主要分为三个部分：

1. 学生与外国友人共同进餐品尝中国传统美食。

2. 传统文化游园会，学生为外国友人展示中国传统文化，例如汉服舞表演、武术表演、手工艺作品展示、书法展示、茶艺展示等。

3. 外国友人表演各具特色的外国舞蹈和歌曲。

六、预期效益

礼迎外宾——青年学子礼迎外国友人活动，旨在弘扬中华优秀传统文化，传承有礼文明，增强国际交流，丰富校园文化生活。

附件 3

"三礼进校园"系列活动纪实

纪实一：

校团委举办"书香四溢、衢职有礼"读书会

朱熹有诗云："读书之乐何处寻，数点梅花天地心。"徜徉于书海，如与智者的交流，与大师的对话，让人受益匪浅。为营造书香四溢的校园文化氛围，引导广大学子养成良好的阅读习惯，争做知礼明礼的时代青年，6月6日下午，校团委在多功能厅举办"书香四溢、衢职有礼"读书会。

本次读书会在别出心裁的吉他弹唱《三字经》中拉开序幕。第一位分享的同学黄开来给大家带来作品《相信未来》，鼓励同学们在逆境中努力生活、不怕挫折、相信未来。"慈母手中线，游子身上衣；"徐如菲同学分享的《游子吟》，在舒缓的古筝乐曲中，深情阐述天下父母对孩子的牵挂；古人云："百善孝为先"，黄杨同学分享的作品《孝》，呼吁广大同学要以孝心回报父母；黄怡华同学的分享作品《行路难·其一》，结合自身的成长经历，引用众多诗人对成长的感悟，与大家探讨当代大学生的成长之路；屠书怡同学以《礼仪之邦》汉服舞开场，将"礼"文化融汇其中；李天一同学的《常怀一颗感恩的心》，呼吁广大同学感恩父母、感恩朋友、感恩社会；曹婧同学以武术开场，震撼全场，她的分享为大家带来了不一样的《三国》赏析；吴炜倩同学的《一份工作与万分修行》，紧扣身边的人和事，娓娓道出工作、生活与修行的意义；鲁益同学的原创诗词《题台回山》，则深刻抒发了诗词对于生活的启示。

最后，校党委副书记陈青对本次读书会进行了点评，并与同学们分享了自己创作的诗词作品。陈书记指出，本次读书会内容丰富、形式多样，同学们通过品读经典、赏析诗文等方式，围绕中华优秀传统文化，结合社会主义核心价值观抒发感怀，对于自身成长与启迪具有十分重要的意义。

纪实二：

包饺子、汉服秀……在衢州，和"歪果仁"一起打开冬至夜的正确方式

2017年12月21日晚，衢州职业技术学院热闹非凡。该校60余名师生代表与在衢外国友人济济一堂，共同度过了一个温馨难忘的冬至夜。

本次活动以"情满冬至、礼贯衢职"为主题，共分为"冬至有情""冬至有礼""冬至有感"三个篇章。

包饺子、汉服秀、茶艺、书法、剪纸以及精彩纷呈的交流互动，散发出浓浓的民俗气息，为观众带来了一场传统文化的盛宴。

25岁的越南裔美国青年Frank来自德克萨斯州，他在参加活动后说，自己曾听家中老人说起，越南北部一些地区也有过冬至的习俗，自己此前从未体验过，今天有幸感受一回，非常开心。

衢州中专的加拿大外教Claude对饺子赞不绝口，他认为这比西餐更健康，他即使每天都吃也不会厌。

在衢州工作了4年的衢职院外教Tom在活动致辞中表示，4年前他刚来衢州时，衢州西区还比较冷清，现在已经开始"Crazy"了，自己有幸见证了衢州的发展，很享受在衢州做外教的这段生活。

活动结束后，俞炯黎同学说道："今年的冬至活动让我们更加热爱中国的传统节日，还让外国友人了解了中国的文化，对于弘扬中华传统文化具有十分重要的意义！"

纪实三：

2013年衢州祭孔大典现场实录

【序曲】

这一天，位于衢州市区新桥街的孔氏南宗家庙大成殿前被装扮一新，殿外长廊铺上了崭新的黄色地毯。

上午8时10分，作为今年祭祀典礼的参祭主体，市职业院校数百名

师生汇聚于孔氏南宗家庙之前，与其他各界人士陆续进场。

8时40分，浙江省教育厅副厅长于永明，衢州市领导童建中、马梅芝、王建华来到现场，与来自美国、俄罗斯、澳大利亚、西班牙、罗马尼亚、阿根廷、芬兰、韩国这8国的孔子学院参祭团，在主参祭区站定。

孔子第75代嫡长孙衢州孔氏南宗家庙管委会主任孔祥楷，在主参祭区站定。

9时整，来自浙江大学的教师、浙江师范大学外国留学生、衢州市职业院校师生、市职业院校友好学校等社会各界代表参祭团，全部按甲、乙、丙、丁、戊等指定区域肃立，现场一片宁静。

担任祭祀司祭的是衢州中等专业学校校长张玉琴。

礼生敲钟9响后，张玉琴走到大成殿外三鞠躬，回到司祭位，宣布祭祀典礼开始。

【第一章　祭礼】

主祭人、衢州职业技术学院院长江爱民和陪祭人、衢州市职业院校的学生代表陈虹颖、章超、张诗琦、陈超、吕佳梅、余磊就位。

随着张玉琴的一声"奏乐"，古老而悠远的乐声在大成殿响起。伴随着乐声，钟声敲响，钟乐和鸣，现场庄严肃穆。

12名市职业院校师生代表携12名市教工、幼儿园的小朋友，从大成殿两侧走廊缓慢步入殿内，进香、献五谷，向孔子像鞠躬，缓缓退出。

接着，全体参祭人员向孔子像三鞠躬。

9时13分，衢州市人民政府代表，衢州市职业院校师生代表，市职业院校友好学校代表，美国、俄罗斯、澳大利亚等8国孔子学院代表，浙江大学教师代表、浙江师范大学留学生代表，依次庄严步入大成殿，向孔子像敬献花篮。

9时17分，主祭人江爱民和陪祭人衢州市职业院校6名学生代表一同进香、敬酒。

主祭人江爱民诵读《祭孔子文》：

日月交辉，沧海桑田；岁次癸巳，国泰民安。我谨代表衢州市职业院校校长、老师、学生，奉香顶礼，至诚至虔，敬祭于孔氏南宗家庙大成殿前：

日月轮回兮斗转星移，至圣先师兮万代不替；金秋五彩兮风物相宜，莘莘学子兮虔诚恭祭。

遥想华夏之初兮洪荒蛮夷，芸芸朝野上下兮众心不一；发端治世之术兮学说济济，承袭三皇旧礼兮林木丛立；惟先师出东鲁兮懿光天地，掌儒林之大纛兮雄傲四极。

倡仁义礼智之心兮儒林飘扬旌旗，行文行忠信之教兮学子远离痴迷；华夏由之始文明兮万方仰崇，大中平和倡国运兮与天同齐。

先师弘道兮辗转万里，风尘列国兮颠沛流离；儒风浩荡兮吹拂四隅，杏坛巍峨兮固根奠基。

教我有教无类兮勿问聪慧高低，行我诲人不倦兮学子皆通六艺；示我因材施教兮授以学有专技，告我学而不厌兮牢记博学才艺。

志于道兮据于德，依于仁兮游于艺；修身以成君子兮无忘劳其心志，齐家以求治国兮诸端行之以礼；开百姓黉序之首兮弟子三千桃李成蹊，树万民同心之本兮德才兼备代代相继。

惟我先师兮心系大同，惟我先师兮教我学子；惟我先师兮德育校园，惟我先师兮道贯古今。

洋洋洙泗兮坦坦阙里，荡荡灉水兮润泽三衢；众众师生兮沐浴致祭，虔虔我心兮祈灵大吉！伏惟尚飨！

9时23分，主祭人、陪祭人复位。

【第二章 颂礼】

颂礼第一部分。9时24分，由衢州中等专业学校师生颂《伟大的孔子》。

颂礼第二部分。9时30分，先由衢州市残疾人职校师生手语诵读《论语》章句：

"子曰：学而时习之，不亦说乎？有朋自远方来，不亦乐乎？人不知而不愠，不亦君子乎？"

"子曰：君子有九思，视思明，听思聪，色思温，貌思恭，言思忠，事思敬，疑思问，忿思难，见得思义。"

在他们的举手诵读间，孔夫子有教无类勿问聪慧高低之教育思想，得以更加生动呈现。

随后，美国瓦尔普莱索大学副校长、孔子学院董事会主席、研究生院院长戴维·劳伦，俄罗斯新西伯利亚国立大学孔子课堂外方副院长玛丽娅·库季诺娃，义乌工商职业技术学院院长王珉先生，丽水职业技术学院院长汪建云先生，衢州市职业院校教师代表肖霞、陈旭雯、郑立平、江大为，孔氏南宗家庙读经班学童，先后上台诵读《论语》章句：

"子曰：默而识之，学而不厌，诲人不倦，何有于我哉！"

"子曰：君子道者三，我无能焉，仁者不忧，知者不惑，勇者不惧。子贡曰：夫子自道也。"

"子贡问曰：孔文子何以谓之文也？子曰：敏而好学，不耻下问，是以谓之文也。"

"子贡问曰：有一言而可以终身行之者乎？子曰：其恕乎！己所不欲，勿施于人。"

……

大成殿前，诵读声琅琅悦耳。

全场人员屏息聆听，在庄严中，静心领悟儒家文化之博大精深。

颂礼第三部分。9时42分，全体参祭人员合唱《大同颂》：

大道之行也，天下为公，选贤与能，讲信修睦。故人不独亲其亲，不独子其子，使老有所终，壮有所用，幼有所长。鳏寡孤独废疾者皆有所养。男有分，女有归，天下为公。货恶其弃于地也，不必藏于己，力恶其不出于身也，不必为己。故谋闭而不兴，盗窃乱贼而不作，故外户而不闭，是谓大同。

这歌声，穿透孔氏南宗家庙上空，响彻衢州大地。

9时45分，礼成。衢州孔氏南宗家庙纪念孔子诞辰2564周年祭祀典礼圆满结束。

护士加冕仪式：传承天使文化

一、活动设计理念

习近平总书记在全国高校思想政治工作会议上强调，"高校立身之本在于立德树人。要坚持把立德树人作为中心环节，把思想政治工作贯穿在教育教学全过程，实现全程育人、全方位育人努力开创我国高等教育事业发展新局面"。[①]浙江高校在教育教学过程中始终把立德树人作为中心环节，把思想政治工作贯穿在高校教育教学的全过程，实现全程育人、全方位育人，高校立德树人工作更离不开校园文化建设。中共中央、国务院《关于进一步加强和改进大学生思想政治教育的意见》里明确提出："校园文化具有重要的育人功能，要建设具有社会主义特色、时代特点和学校特色的校园文化。"充分说明了校园文化具有树人功能，对大学生养成良好道德品质具有重要作用。《意见》中指出，大学生思想政治教育"要坚持以人为本，贴近实际、贴近生活、贴近学生，努力提高思想政治教育的针对性、实效性和吸引力、感染力"。

[①] 《人民日报》，2016年12月9日01版。

为此，我们必须拓展大学生思想政治教育的有效途径，与时俱进，创新教育手段，通过高校典礼将显性与隐性思想政治教育有机结合，实现其独特的育人功效。

从古至今，任何仪式都是当时某一群体共同信仰和价值观念的呈现与表达。人们举行仪式实际上就是在维护信仰和形塑观念。对此，法国社会学家爱弥儿·涂尔干曾有论述："仪式是为维护信仰的生命力服务的，仪式必须保证信仰不从记忆中抹去，必须使集体意识最本质的要素得到复苏。"新时代，党和政府高度重视仪式的观念形塑和信仰维护功能，例如《关于培育和践行社会主义核心价值观的意见》提出，"使礼节礼仪成为培育社会主流价值的重要方式"。现实中，高校将仪式作为社会主义核心价值观宣传教育的载体，利用升旗仪式来培养大学生的爱国观念，举行入党宣誓仪式以坚定大学生的政治信仰，举行护士加冕仪式以提升大学生的职业认同感等。

1912年，国际护士理事会将南丁格尔的诞生日5月12日定为国际护士节，旨在激励广大护士继承和发扬护理事业的光荣传统，以"爱心、关心、细心、耐心、责任心"对待每位病人，做好护理工作。护士是道德行动者，其行动以关怀照顾他人为主，让病人即使在面临疼痛和极端衰弱时仍保持人格尊严。而护理专业是培养未来护理人员的摇篮，加强社会主义核心价值观教育是护理专业学生在典礼仪式中受思政教育不可或缺的一部分。

近年来，我校以健康文化为主旋律，结合护理专业优势，以习近平总书记对青年学生提出的"志存高远、德才兼备、情理兼修、勇于开拓"十六字方针为指导，以培养全面发展、特长突出的创新型人才为目标，积极打造"天使文化"品牌。学校将"天使文化"纳入医学院人才培养计划，以培养"五心"天使为基础，围绕"天使之家""天使之爱""天使之技""天使之艺""天使之心""天使之星"

为主体，贯穿学生整个培养周期，培养出一批批综合素质高、实践技能高、能适合现代护理的专业复合型人才。通过活动推动、典型示范、重点宣传，利用榜样带动的作用，使护理专业的学生明确前进目标和发展方向。在全院形成开拓创新、励志成才的浓厚氛围，创造良好的育人环境。

为了让即将踏入实习岗位的准护士能用心感悟成长的苦与乐，用心体悟护理工作的伟大与神圣，用心坚定专业理想与职业追求，医学院在每年的护士节都举行隆重的护士加冕仪式。仪式庄重严肃，定格了"天使"的身份烙印，让同学们印象深刻，有效体现了仪式的价值引领和隐性教育功能，深化了仪式的育人价值。

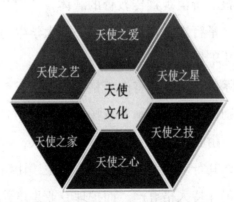

图 3-1　天使文化核心架构图

本活动特色主要有：

（一）通过参加护士加冕仪式，让学生更好地了解专业，激发学习积极性。通过调研，发现在填报志愿时，大多数学生都是由家长或者老师推荐来填报专业，自身对所填报专业根本不了解。通过护士加冕仪式的开展，学生可以更深入地了解护士工作的基本情况、合格护理人才的要求，使学生在今后的学习中明确自己的专业目标，努力提高自身能力向用人单位的要求靠拢，从而激发学生学好专业知识的积极性。

（二）通过参加护士加冕仪式，让学生更好地了解将要从事的工作环境，规划职业目标。在参与护士加冕仪式的过程中，学生可以提前了解今后的工作场景。在实习过程中，与社会接轨的工作环境可以让学生学会沟通交流、学会待人、学会处事，培养学生的综合素质，提高其适应社会的能力，为学生正确规划未来的人生目标打下一定的基础。

（三）通过举办护士加冕仪式，促进高职院校加强校企合作，深化现代学徒制。校企合作是高等职业教育发展的必经之路，高职院校的发展需要积极探索构建一个与理论教学相平行的实践教学体系，从而切实提高学院综合办学实力。在仪式中加入现代学徒制护理人才，培养基地授牌环节，是促使医院与学校合作的一个良好的途径，医院既可以提前加入共同培养护理人才的行列，也能使学生更早地得到锻炼。学校可以在互惠互利的基础上逐步和医院建立起合作关系，共同商谈学生的培养方式，借助医院的资源实现实践教学的改革。

（四）通过举办护士加冕仪式，塑造高校形象，展示优良的校园环境。护士加冕仪式作为校园开放日的重要环节，有利于学校自身育人环境的建设。校园开放日作为学校的宣传活动之一，是校园文化活动的一部分。良好的校园文化活动有利于营造良好的校园环境，有利于使学生树立正确的世界观、人生观、价值观，也有利于将他们培养成有理想、有道德、有文化、有纪律的社会主义建设者和接班人，同时也有利于教师自身发展。良好的校园环境能激励学生奋发向上，积极进取；能够吸引和团结学校成员，凝聚师生对学校的归属感。因此，良好的校园环境不止是存在于当日，而是长久地存在于学校中，利于广大师生及学校未来的发展。通过开放日的平台邀请到社会各界人士来参加，达到更好的宣传效果，提高学校的社会知名度。

二、活动方案、工作计划

仪式，意味着人在一定时间、一定场合通过行为语言举行的专门而规范的程序，将个人或群体从一种状态向另一种状态转化的过渡阶段。通过仪式，个体对群体的认同感和归属感得以加强，增进了群体的团结和凝聚力。仪式教育功能的特殊之处在于潜移默化地培养个体的责任感。医疗行为的规范性极强，容不得半点差错，一旦出错将造成不可估量的社会影响，且医疗行业规范是社会的共同认知，其规范性保证了医患双方的信息相对均等。因此，规范的培养和教育，即护士加冕仪式教育是医学人文教育的重要内容。护士加冕仪式的功能价值、具体内容、实施过程及发展继承等的研究则具有重要的现实意义。

护士加冕仪式是"衢职有礼"活动课程的组成部分，通过加冕仪式的举行，经过洗礼的学生能更好地体会到护理工作的严肃性和神圣性，对内有利于提高学生的认可，对外有助于树立学院形象，营造良好的育人氛围。

以2017年护士加冕仪式为例，本次活动以"向天使致敬"为主题，活动前期成立了工作小组，前后分批训练近三个月，活动邀请了衢州市相关领导、衢州市各家合作医院，并且给共建现代学徒制护理人才培养基地（5家）、共建临床教研室（4家）授牌，校企双方通过平等的沟通与交流，共同培养符合岗位职业能力的高素质应用型人才。活动还邀请了优秀的毕业生，以自身行动来感染同学，更好地引导在校同学践行社会主义核心价值观。

详见附件

三、活动成果

（一）参与人数逐年增加

自举行护士加冕仪式起，每年参加的同学人数不断增加，参与度趋于100%。

图 3-2　护士加冕仪式参加人数

（二）典型事迹

通过仪式的洗礼，在积极打造"天使文化"新名片的大背景下，我校涌现出许多充满温情的感人故事。例如，我校"天使之爱"团队弘扬"万少华精神"，坚持为烂脚病人上门送药、换药，并走进社区医疗服务中心、敬老院、戒毒所、麻风病院等有护理需要的场所，用自己的专业护理知识，为病患解除伤痛；我校护理专业2013级学生周心怡在实习上班的路上，看到骑电瓶车摔倒的中年妇女，第一时间进行应急护理，并拨打120将其送往医院救治，用"专心＋爱心"留给城市一份令人感动的温暖。周心怡被评为浙江省第二届感动校园人物、衢州市十佳"最美大学生"。

四、活动照片

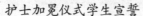
护士加冕仪式学生宣誓　　　　　　　护士加冕仪式现场

五、师生反应的心得

（一）学生心得

16级王同学：

通过参加加冕仪式，现场感受非常震撼，虽然是一名男护士，在班级里可能被看成"国宝级"人物，但我认为男护士和女护士是没有差别的，男护士在很多方面可以做得更好，我将积极发挥我们男护士的潜力，更好地为病人服务。

14级柯医班顾同学：

今天之后，我将从护生变成护士，即将成为一名白衣战士，成为护理战线上朝气蓬勃的主力军，在这庄严而神圣的时刻，众多德高望重的护理前辈，为我们加冕，我非常激动。

15级中医院班张同学：

一开始虽然大致了解了护士这个职业，也在课堂上学了一些理论，但在进入医院之后，才真正有护士的"实战感"，护士到底是做什么的，具体需要做哪些，我们需要在哪些方面不断提升自己，都在这里一一体现，我们比那些到大三才能进医院实习的同学来说，幸运太多。护士加冕典礼就是我们的第二课堂。

（二）教师心得

柯城区人民医院余老师：

丰碑无语，行胜于言。患者在你心中有多重，你在人们心中就有多重。希望护生们以后要学会换位思考，学会改变自己的心态，长存感恩之心，把爱和知识无私奉献给每一位病人。

衢化医院的吴老师：

订单班的合作，一方面让学生更早接触医院的文化理念，对自己的专业定位和人生规划有很好的帮助；另一方面，除了护理骨干手把手地教导学生，切实地进行技术指导和全方位的管理外，学生能更早地接触医院的文化理念，更快地融入医院的氛围，实现人才的无缝对接。

六、推广经验分享

高校典礼文化应是校园文化的集中体现，而护士加冕仪式正是高校典礼的表达方式之一，仪式应注重传承与创新相结合，显性教育与隐性教育相结合，贴近现实与崇尚精神相结合，与高校的育人体系相结合。将护士加冕仪式体现的精神融入校园文化当中，是其校园文化重中之重。

（一）以人为本，强化仪式的育人价值

坚持"以人为本"是科学发展观的核心，是坚持全心全意为人民服务的具体体现。这就要求思想政治教育工作者始终坚持"一切为了学生"，将"促进全体学生的全面发展"为目标，尊重学生的独立人格和个体差异，调动其主观能动性，在学生教育、管理和服务的各个领域全面渗透"以人为本"的指导思想。作为典礼育人的探索性工作，举办加冕仪式应在体系组织、内容构思、氛围营造、成效传播等具体环节中，始终突出学生作为受教育主体的核心地位和重要作用。采用更加贴近学生、深入学生的工作方式，以学生喜闻乐见的途径和方法，开展隐性思想政治教育。这种以人为本、潜移默化的隐性教育，能够充分激发学生参与活动的积极性和主动性，调动学生主动营造仪式文化育人氛围的积极性。让学生从思想政治教育的客体转变为主体，使加冕仪式活动真正成为学生情感升华和成长成熟的真实体现和集中表达。

（二）科学发展，增强仪式的育人效果

科学发展观要求思想政治教育工作者始终坚持以科学规律为根本，自觉运用科学理论、工具和手段，尤其在确立目标、把握对象的群体性特征和差异化需求、选择方法和途径等各个方面体现科学性，不断提升思想政治教育工作的科学化水平。思想政治教育工作者应综合运用心理学、社会学、管理学等专业知识力求全面把握学生思想的整体特点和个性差异，设置仪式活动的内容形式，将思想政治教育目标与学生成长成才的实际需要紧密结合，主动利用高校的文化典礼活动进行引导和规范，确保其育人功效，将理论思想落实于具体实践，并总结实践的反馈来持续开展理论研究，实现理论指导与实践活动的良性互动循环和对于校园文化的有力引导。

（三）与时俱进，提升仪式的育人水平

作为思想政治教育工作者要善于关注各类重大时事，要善于把握时代背景和育人契机，并将其及时融入教育实践工作之中。具体到护士加冕仪式，就是要通过社会的关注与身边的感受相结合的方式，增强典礼文化的时代性和开放性；通过传统与现代形式相结合的方式，强化学生的民族自豪感和爱国主义情怀；通过邀请相关领域优秀代表、优秀校友、医院导师等参与仪式、现场演讲、网络视频等方式，提升高校典礼文化的育人水平。

（四）积极创新，实现仪式的可持续发展

积极创新是实现可持续发展的根本方法，是科学发展观的内在动力，应注重科学总结、归纳传播和有效传承一代代思想政治教育工作者积累下来的成功经验；通过积极创新不断激发当代思想政治教育工作者的责任心和使命感，引导其将大学生思想政治教育视作一种个人价值得到体现的奋斗平台。对于加冕仪式活动而言，应注重传承与创新相结合，显性教育与隐性教育相结合，贴近现实与崇尚精神相结合，坚持发展目标指导下的创新，坚持隐性教育活动与大学育人体系无缝对接，不断完善仪式育人主题教育体系，使其与时俱进，适应教育对象的整体特点和个性差异，从而实现仪式育人的可持续发展。

护士加冕仪式作为"天使文化"的重要组成部分，具有凝聚共识、提升素质、振奋精神、促进和谐的重要作用。加冕仪式不仅是一套程序化的仪式，更是一门潜在课程，是高校培育人才的重要途径。加冕仪式应在活动组织、内容设置、氛围营造等具体环节中，突出学生作为受教育主体的核心地位和重要作用，力求全面把握学生思想特点和整体特征，将思想政治教育的目标与学生成长成才的实际需要紧密结合，采用更加贴近学生、深入学生的工作方式，以学生乐于接受的途径和方法，开展"润物细无声"式的思想政治教育。

这种以人为本、潜移默化的隐性教育，能够充分激发学生参与文化典礼活动的积极性和主动性，调动学生自觉营造文化育人氛围的创造力和思考力；让学生从思想政治教育的接受者转变为参与者，使仪式活动真正成为学生内心情感和成长要求的真实体现和集中表达。

在参与护士加冕仪式过程中，让学生去了解仪式的内涵和历史，对仪式的目的和形式有认同感，增强情感渲染和价值共鸣。护士加冕仪式正是通过医学情境的渲染、医学主题的内隐来满足学生主体的精神需求，在庄重严肃的仪式中对学生的思想进行潜移默化式地熏陶和

感染，这样才能将社会主义核心价值观深入到学生内心之中。

　　因此，护士加冕仪式是有效实施仪式教育的典型代表，提高大学生的综合素养，提升学生发现真善美的能力，无疑是一种具有重要意义的途径与手段。若能经过仪式教育，使学生、教师、家长更加认同仪式本身的教育价值和意义，并积极主动地参与仪式活动，必将能使"天使"文化得到传承，亦能促进学生良好道德情操、品德行为和礼仪行为的养成，还将成为校园文化建设中不可或缺的风景。

附件 1

关于开展"向天使致敬"护士加冕仪式的方案

　　为了让即将踏入实习岗位的准护士能用心感悟成长的苦与乐，用心体悟护理工作的伟大与神圣，用心坚定专业理想与职业追求。在全校范围内营造良好的育人氛围，提高学生的认可度，树立学院的形象。

　　一、活动宗旨

　　通过高校典礼将显性与隐性思想政治教育有机结合，实现其独特的育人功效，践行学校培养具备爱与关怀的匠心型人才的目标。

　　二、活动主题

　　向天使致敬

　　三、办理单位

　　主办单位：衢州职业技术学院

　　承办单位：医学院

　　协办单位：医学院学工办、分团委学生会

　　四、时间、地点

　　2017年5月（体育馆）

五、参加对象、服务人数

医学院全体二年级护理、助产学生

六、活动内容

（一）制定活动方案，成立工作小组。通过讨论研究，确定加冕仪式的大致形式，制定相应的工作方案，召集相关人员，召开会议，成立工作筹备小组。

（二）根据活动方案，通知相关配合单位。邀请各单位的领导及导师准时到达活动举办地点，合理安排彩排时间。

（三）召集学生根据彩排方案，定时定点进行训练。在训练的同时，磨练学生的意志，增强学生的毅力，鼓励学生坚持完成任务。

（四）根据安排完成护士加冕仪式。

七、预期效益

一是通过庄重严肃的仪式，定格"天使"的身份烙印，让同学们印象深刻，有效体现了仪式的价值引领和隐性教育功能，深化了仪式的育人价值。

二是通过活动，学生能更好地体会到护理工作的严肃性和神圣性，对内有利于提高学生的认可，对外有助于树立学院形象，营造良好的育人氛围。

三是通过活动推动、典型示范、重点宣传，利用榜样带动的作用，使护理学生明确前进目标和发展方向。在全院形成开拓创新、励志成才的浓厚氛围，营造良好的育人环境。

特色晚自习："学院＋书院"的培养模式

一、活动设计理念

党的十九大报告指出，文化是一个国家、一个民族的灵魂。文化兴国运兴，文化强民族强。① 要坚持中国特色社会主义的文化发展道路，激发全民族文化创新创造的活力，建设社会主义文化强国。②

习总书记在全国教育大会上强调：要在坚定理想信念上下功夫，教育引导学生树立共产主义远大理想和中国特色社会主义共同理想，增强学生对中国特色社会主义道路自信、理论自信、制度自信、文化自信的，立志肩负起民族复兴的时代重任。③ 要在加强品德修养上下功夫，教育引导学生培育和践行社会主义核心价值观，踏踏实实修好品德，成为有大爱大德大情怀的人。要在增长知识见识上下功夫，教育引导学生珍惜学习时光，心无旁骛求知问学，增长见识，丰富学识，沿着求真理、悟道理、明事理的方向前进。要在增强综合素质上下功夫，教育引导学

---

① 决胜全面建成小康社会 夺取新时代中国特色社会主义伟大胜利——在中国共产党第十九次代表大会上的报告 [M]. 北京：人民出版社，2017.

② 决胜全面建成小康社会 夺取新时代中国特色社会主义伟大胜利——在中国共产党第十九次代表大会上的报告 [M]. 北京：人民出版社，2017.

③ 中国青年报 [M]. 2018 年 9 月 11 日第 1 版。

生培养综合能力，培养创新思维。① 要全面加强和改进学校美育，坚持以美育人、以文化人，提高学生的审美能力和人文素养。②

在5000多年文明发展进程中，中华民族创造和传承了独树一帜的灿烂文化，而民族优秀传统文化始终潜移默化地影响着华夏儿女的思想方式和行为方式。中华优秀传统文化是习近平新时代中国特色社会主义思想的重要来源。习近平总书记多次强调中华优秀传统文化的历史影响和重要意义，要赋予其新的时代内涵。

"中华优秀传统文化是我们最深厚的文化软实力，也是中国特色社会主义植根的文化沃土。"在主持中共中央政治局第十八次集体学习时，习近平指出，实现"两个一百年"奋斗目标、实现中华民族伟大复兴的中国梦，需要充分运用中华民族数千年积累下的伟大智慧。

城市品牌打造，要坚定文化自信，延续历史文脉。打造"一座最有礼的城市"，必须增强文化自信、扛起文化担当，既为自身创造一个更好的发展环境，也为建设全国文明城市、增强中华民族文化自信蹚出一条新路、提供更多的衢州素材。

从战略的高度看，在2005年9月，时任浙江省委书记的习近平同志第5次来衢州考察时作出重要指示："衢州历史悠久，是南孔圣地，孔子文化值得很好挖掘、大力弘扬，这一'子'要重重地落下去。"打造"一座最有礼的城市"，就是要把习近平总书记的重要指示精神深深镌刻在三衢大地上。

从历史的深度看，孔子是中华文化符号的象征，是中华民族颇具代表性的文化符号之一，儒家文化是中华优秀文化的重要组成部分，而以南孔儒家文化为核心的传统文化是衢州的"根"和"魂"。站在新的历史起点上，既要通过弘扬"有礼"文化增强传统文化自信，更要

---

① 中国青年报[M]. 2018年9月11日第1版。

② 中国青年报[M]. 2018年9月11日第1版。

推动优秀传统文化在衢州创造性转化、创新性发展。

从现实的维度看，文化是城市软实力的核心内容。用好文化之力，威力无穷，既能宣传好衢州，也能发展好衢州。打造"南孔圣地、衢州有礼"的城市品牌，就是要让"有礼"成为衢州的个性标识，成为衢州建设希望之城、奋斗之城、温暖之城的重要支撑，成为彰显衢州城市魅力、提升城市软实力和竞争力的重要载体。

从需求的角度看，城市品牌的打造是一项民生工程。随着经济社会的发展和人民生活水平的不断提高，人民群众对于受尊重的需求会越来越强烈。现在，物质幸福时代已经结束，在新时代，更重要的是精神层面的充实感。打造城市品牌的过程，实际上是挖掘城市个性的过程，彰显城市文化的过程，真正让城市有"家"的感觉，增强大家对城市的归属感、荣誉感，让城市更加文明、更有内涵。

为弘扬中国传统文化，丰富学生课余生活，发展学生个性特长，促进学生全面发展，依据艺术设计学院人才培养规划，响应衢州市委、市政府"衢州有礼"的号召，艺术设计学院推出传统文化特色晚自习。

（一）艺术设计学院学生特点

1. 个性独特，组织纪律性较弱

艺术类学生在日常生活与学习中，追求个性，喜欢张扬。他们易于接受时尚、前沿的事物，具有活力。但组织纪律性不强，时间观念淡薄，对规章制度不重视，对事物比较随性。

2. 思维活跃，集体观念淡薄

艺术类专业是要求学生必须具有较强的创新能力、敏锐的感知能力、丰富的想象能力和独特的创造性思维，因此形成了艺术类学生思维活跃，发散思维能力强等特点，但同时追求标新立异的他们为了让自己更独特，缺乏大局意识，对集体活动缺乏热情，不能正确处理个人利益和集体利益的关系。

3.专业突出，文化素养欠缺

艺术类专业学生因为需要参加联考所以将大部分时间都花在专业课的训练和培养上，因此导致了艺术类学生专业突出，但文化素养欠缺，特别是英语和数学等基础性课程。

高职院校的办学理念是以就业为导向，在高职新生进校后的入学教育中，应开展好专业思想教育，使新生了解所学专业的知识能力结构、发展状况和就业前景等，树立专业自信心。同时指导新生结合自身特点、所学专业和兴趣做好职业生涯规划和学业规划，正确剖析自我，明确可行的学习目标和人生方向，从而增强新生的学习动力，提高新生对晚自习重要性的认识，端正学习态度，合理安排自己的晚自习任务，自觉养成晚自习学习的良好习惯。

新生晚自习的目的是助力学生成长成才，帮助学生养成良好的学习习惯。为了调动新生参与晚自习学习的积极性和自主性，提高晚自习利用效率，高职院校应该坚持以学生为主体，在原有晚自习模式的基础上，利用部分晚自习时间，结合新生的实际和专业特点，合理安排形式多样的拓展活动，将晚自习和素质教育有机结合，搭建特色晚自习的载体，丰富和创新晚自习的功能，使晚自习的学习任务转变成学习乐趣，从而满足学生的不同需求，提升学生的综合素质。

为促进同学们的全面发展，又积极培养同学们的个性特长，特开展丰富多彩、富有中国传统特色的晚自习，以此丰富同学们的精神生活，陶冶学生的情操，培养学生的智能，提升综合素质，享有更大的发展空间。同时，使艺术设计学院办学特色化，以特色办学，实现艺术设计学院"营造氛围、发挥潜能、鼓励创新、宽容失败"的办学理念。为此，衢州职业技术学院艺术设计学院推出传统文化特色晚自习。

（二）艺术设计学院特色晚自习特点

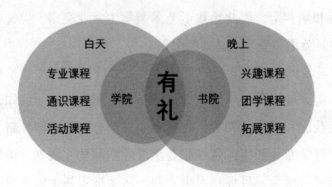

图 4-1 "书院＋学院"主要架构图

为兼顾同学们的全面发展，又积极培养同学们的个性特长，结合艺术设计学院课程的需要，我们推出"学院＋书院"的培养模式，也叫白＋黑模式，即：将白天学院（专业课程学习）与晚上书院（兴趣课程学习）串连、强化专业的拓展外延、跨专业共宿，创设24小时无休的学习环境。

1. 开设「有礼」为内涵的跨域课程

本项目所有开设的课程均为学生在教学计划内的公共课程、专业课程、公选课程、社团及学生活动等素质拓展课程之外的兴趣拓展，每个学期会开设5~6门不同的课程。为了结合衢州市"打造一座有礼的城市"以及衢州职业技术学院打造有礼校园文化品牌，特别引进国学及儒家文化大讲堂，并聘请南孔文化的研究者作为校外导师。

2. 推动学生学习的普及性

本项目所开展的课程是针对大一学生开设的，每学期参与人数达200人以上。学生通过上课考勤、课程结束后交作品等方式进行相关考核，完成全部课程并考核合格的同学，给予素质拓展学分1分。

姓名	开设课程	专业背景
张老师	儒学文化	南孔家庙及南孔文化研究人
段老师	篆刻	衢州市篆刻协会会长
刘老师	戏曲及话剧表演	新加坡华裔，参与多部国际话剧演出
叶老师	综合艺术绘画	衢州市美术家协会会长
王老师	旅行摄影	高级摄影师、周游中国及东南亚地区

3. 授课教师的专业性

为更好地提升特色晚自习的质量，真正做到专业课程的拓展与外延，我们实行校内＋校外导师制，聘请具有相关专业背景的校内导师以及在该领域知名的校外导师为学生授课。

4. 重视学生学习成果的实践性

本项目开设的课程基本都是艺术设计专业课程的延伸，富有中国文化传统特色。旨在锻炼学生的动手能力，丰富学生的精神生活，陶冶学生的情操，培养学生的智能，提升艺术设计学院全体学生的综合素质。为此我们特别开设了陶艺、拼布、扎染等课程，旨在提升学生的综合能力。

二、活动方案、工作计划

为兼顾同学们的全面发展，又积极培养同学们的个性特长，特开展丰富多彩、富有中国传统特色的晚自习，以此丰富同学们的精神生活，陶冶学生的情操，培养学生的智能，提升综合素质，享有更大的发展空间。同时，使艺术设计学院办学特色化，以特色办学，实现艺术设计学院"营造氛围、发挥潜能、鼓励创新、宽容失败"的办学理念。

课程每周开设一次，每次2个课时的课程，一学期完成18个课时的学习及考核任务。

除采取传统的"看、听、查"方法外，我们更要注重过程性资料积累评估和活动成果展示考核。通过交作品、办展等形式进行相关考核，完成全部课程并考核合格的同学，给予素质拓展学分1分。

活动方案详见附件1《艺术设计学院特色晚自习实施方案》。

三、活动成果

第二课堂开设一年时间，全院所有大一共206名同学参与了第二课堂，自2016年10月至今，开设课时达384个，创办第二课堂成果展2次。

图 4-2　第二课堂学生参与百分比增长图

通过第二课堂培养，在培养学生兴趣的同时，也让学生在不同领域取得了一些奖项。

四、师生反应的心得

16设计3班　叶晨舟：

第二课堂可以让我自己选择感兴趣的课程学习，拓宽我的视野，也在学习专业课之外还能多学习一些技能，同时也能对中国传统文化做一些了解。

17设计1班　张瀚：

其实我是想选摄影方向的，因为高考的原因，只能选择设计。但是第二课堂的开设，可以让我学习感兴趣的摄影，我觉得第二课堂非常的好。

指导老师　朱俊：

托尔斯泰说艺术是生活的镜子，通过开展丰富多彩、富有特色的第二课堂，弘扬中国的传统文化，拓宽学生实践空间，让每个学生都可以选择感兴趣的课程，真正培养学生的兴趣。

五、活动照片

艺术设计学院传统文化特色晚自习照片集锦

特色晚自习成果展

扎染课程

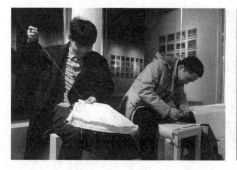

手工布艺课程

陶艺课程

六、推广经验分享

（一）针对大学生晚自习存在的学生不重视、玩手机、效率低、纪律难等问题，我们艺术设计学院推出特色传统晚自习，解决了晚自习存在的一些共性问题的同时也让学生有一个可以学习自己专业外感兴趣的场所。

（二）特色晚自习的所有课程、实践活动等均围绕衢职有礼展开。一方面的课程解决了艺术类学生文化素养差、组织纪律性差的问题，如国学及儒学文化、书法及国画等；另一部分的课程从培养学生兴趣的角度入手，做到专业的延续与发展，如综合艺术绘画、旅行摄影等。

（三）为了能让学生真正选择感兴趣的课程，我们组织老师集体宣讲，授课老师在学生面前介绍自己及所学的课程，之后学生选择。为了保证课程的均衡，每节课程有人数的限制，未能选中的学生有二次选择的机会。

（四）为了保证我们晚自习管理的规范化和制度化，我们制定了相关的考核，对老师、学生的考勤进行监督，同时在学期末要求每个课程都要做相应的成果展示。

附件 1

艺术设计学院特色晚自习实施方案

一、课堂制度

（一）定活动课程，在全面了解教师和学生兴趣、特长的基础上，辅导教师要制定第二课堂的活动内容。

（二）定活动目标，针对学院的要求，辅导教师明确本学期可行的目标，学校将以此来评价辅导教师的工作。

（三）定活动时间与地点，活动地点是正常开展第二课堂活动的必备条件，我们要确保各第二课堂都有相对固定的活动地点。

（四）学生自主选择的基础上，在各第二课堂必须及时参加，并按时完成辅导教师布置的任务。

（五）辅导教师根据自身特长，必须尽心尽力做好第二课堂的工作。

（六）第二课堂都必须有相应的活动计划、点名制度、活动教案等资料，注重过程，全面实现活动规范化管理，经得起学校随时检查并主动完成学期活动目标。

（七）第二课堂要切实加强安全教育，认真落实安全措施，辅导老师必须自始至终坚持在场，如有特殊情况必须事先请假，并通知到本组所有成员。

二、开设的第二课堂：

（一）国学及儒家文化大讲堂

儒家文化是以儒家学说为指导思想的文化流派。儒家学说为春秋时期孔丘所创，倡导血亲人伦、现世事功、修身存养、道德理性，其中心思想是恕、忠、孝、悌、勇、仁、义、礼、智、信，其核心是"仁"。

（二）戏曲与话剧表演

戏曲是中华文化和传统艺术的一颗明珠。历经数千年的历史积淀和艺术传承，中国戏曲形成了自己独特的艺术风格和美学范式，在人类艺术宝库中独放异彩，不仅代表着古老的中国文化达到的文明高度，也彰显着中国人民伟大的艺术创造和艺术想象的精神魅力。它是中华民族的文明骄傲和艺术自豪，也是我们的文化标志和艺术标杆。

话剧是一种综合性的艺术，其特点是需要在舞台上塑造具体艺术形象向观众直接展现社会生活情景。话剧区别于其他剧种的特点是需要通过大量的舞台对话展现剧情、塑造人物和表达主题的。其中有人物独白，有观众对话，在特定的时间、空间内完成戏剧内容。

（三）旅行摄影

摄影的魅力在于它的真实，在于它的瞬间。摄影的意义，简单来说就是记录历史，让历史定格在一瞬间，让瞬间成为永恒。摄影从诞生之日起，就赋予了它记录的使命。记录风景、记录时事、记录亲人、记录生活，对于喜欢摄影的人来说，摄影的意义就是，拍摄美好的事物与大家分享，让生活变得更美好。

（四）扎染艺术

扎染古称扎缬、绞缬、夹缬和染缬，是中国民间传统而独特的染色工艺。是指织物在染色时部分结扎起来使之不能着色的一种染色方法，是中国传统的手工染色技术之一。

（五）篆书与篆刻

篆刻艺术，是书法（主要是篆书）和镌刻（包括凿、铸）结合，来制作印章的艺术，是汉字特有的艺术形式。篆刻兴起于先秦，盛于汉，衰于晋，败于唐、宋，复兴于明，中兴于清。迄今已有三千七百多年的历史。

（六）综合艺术绘画

综合艺术又叫复合艺术。（艺术分类用语）泛指几种艺术成分综合而成的艺术。有机性是综合艺术最重要的特征。参与其中的单质艺术互相制约、互相渗透，它们不能过分地显彰自身，要作为局部消失在整体之中。综合艺术中各种单质的地位不是对等的，常有主从关系，如电影电视作品，表演是众类之首，虽然文学脚本是作品的根基，但观众欣赏的主要对象还是演员的表演，编导的审美意象只能通过画面传达，所以，电影是以表演为核心的综合艺术。综合艺术是复杂社会劳动的结晶，一部电影风格统一，往往需要编剧、导演、演员、作曲、美术、摄影等人员的互相理解和配合默契。同时，综合艺术又不是各类单质艺术审美特征的机械相加，其效果是整体大于局部之和。在各种艺术形式中，综合艺术的直观性，决定了它与宣传、舆论工作的关系最为密切，不仅可以直接为某种具体的宣传任务服务，而且影响面和效果胜过其他宣传形式和艺术形式。

（七）书法与国画

书法作为我国独有的民族文化，汇聚了中华民族文化的精髓，在其发展历程中，不仅因其独特的雄浑之美使迁客骚人为之醉心，也因其秀逸之美而深受文人墨客的青睐。随着社会的发展，科学的进步，书法教育改革已成为时代的呐喊和教育的主旋律。要继承和发扬这门古老的艺术，就必须重视书法教育。

中国画有着源远流长和辉煌灿烂的艺术成就。中国画即要"形似"，更讲求"神似"。绘画的关键不在于对象的美与丑，而是重在"画龙点睛"之处，表达出事物的内在本质——精、气、神，使其能有一个完整的画面，空灵的意境，让人有畅想的空间。这些种种的美好品质都奠定着它在美术教育中必不可少的地位。

三、上课时间

特色晚自习主要面对大一新生，结合大一新生实际情况，利用晚自修时间进行教学活动。每星期安排晚自修时间，一般安排在周一到周四之间，结合课程需要，一般每星期两次课，至少上一次课。每次活动时间为2课时。

四、课堂考核

本学期我们将对各担任第二课堂的教师进行科学合理的评价，除采取传统的"看、听、查"方法外，我们更要注重过程性资料积累评估和活动成果展示考核。通过交作品、办展等形式进行相关考核，完成18学时的全部课程并考核合格的同学，给予素质拓展学分1分。

五、其他事宜

第二课堂同学主要针对大一级新生，利用学生晚自修时间学习、上课。相关教师的课时补贴按照艺术设计学院相关规定执行。有特殊情况可协商决定。

附件 2

《从全世界路过》
——特色晚自习课程实施方案

一、课程简介

开课形式：旅行摄影课程周次：8-16周

上课时间：周二课程学时：18

选课人数：限30人　选课对象：16级新生

授课教师：王老师

要么读书，要么旅行，身体和灵魂总有一个在路上！

　　《从全世界路过》课程是针对大一新生开设的一门兴趣课程，内容广泛而有趣，课程依据本人实际旅行经历，为同学们讲述旅行经历，旅行攻略及旅行拍摄的技巧。课程主要包含分享旅行经历、分享旅行攻略以及分享旅行拍摄技巧等。

二、授课计划

周次	星期	授课内容提要	时数	备注
8	二	简单介绍个人旅行经历；同学分享个人旅行经历；摄影入门。	2	
9	二	分享华中地区旅行经历；讲述华中地区人文、风土；分享华中地区旅行攻略。	2	
10	二	分享西南地区旅行经历（成都、重庆、贵州、云南）；讲述西南地区人文、风土（成都、重庆、贵州、云南）；分享西南地区旅行攻略。（成都、重庆、贵州、云南）。	2	
11	二	讲述城市摄影、手机摄影的技巧；分享摄影作品；学生摄影作品评述。	2	
12	二	分享西藏地区旅行经历；讲述西藏地区人文、风土；分享西藏地区旅行攻略布置作业。	2	作业：分小组选择一个目的地，做一个5天左右的攻略
13	二	分享丝绸之路旅行经历；讲述丝绸之路人文、风土；分享丝绸之路旅行攻略。	2	
14	二	讲述风光摄影的拍摄技巧；讲述如何拍出不一样的游客照；讲述创意摄影技巧。	2	
15	二	分享东南亚旅行经历；讲述东南亚人文、风土；分享东南亚旅行攻略。	2	
16	二	讲述人文摄影的拍摄技巧；讲述文艺片的拍摄技巧。	2	
17		旅行摄影成果汇报展		

杜拉拉训练营：打造新时代有礼的职场女性

一、活动设计理念

　　党的十九大报告指出，建设教育强国是中华民族伟大复兴的基础工程，必须把教育事业放在优先位置，深化教育改革，加快教育现代化，办好人民满意的教育。新时代的高等教育，要以习近平新时代中国特色社会主义思想为指引，不忘"办好人民满意的教育"的初心，牢记"培养社会主义建设者和接班人"的使命，书写新时代立德树人的新篇章。习近平总书记在全国教育大会上指出："要把立德树人融入思想道德教育、文化知识教育、社会实践教育各环节，贯穿基础教育、职业教育、高等教育各领域，学科体系、教学体系、教材体系、管理体系，要围绕这个目标来设计，教师要围绕这个目标来教，学生要围绕这个目标来学。凡是不利于实现这个目标的做法都要坚决改过来。"[1] 同时指出"要在增强综合素质上下功夫，教育引导学生培养综合能力，培养创新思维"。[2] 这两段重要论述为构建德智体美劳全面发展的教育体系、建立更高水平的人才培养体系指明了方向。

　　2018年衢州以打造"一座最有礼的城市"为导向，确立"南孔圣

---

① 中国青年报2018年9月11日第1版。
② 中国青年报2018年9月11日第1版。

地、衢州有礼"的城市品牌，其中社会有礼，就是人与人之间，对他人、客商、游客、所有人都有礼，包括社会公德、职业道德、家庭美德、个人品德等。为进一步培育和践行社会主义核心价值观，加强公民思想道德宣传教育，进一步规范市民行为，引导市民树立文明观念、展示文明形象，不断提高市民文明素质和社会文明程度，形成全市人民一致认同的道德规范和文明约定，根据新形势、新任务，特别是"南孔圣地、衢州有礼"城市品牌推广和全国文明城市创建的工作要求，经市文明委领导审定，决定颁布实施《衢州有礼市民公约》，争做文明市民，共建文明城市，共同打造"一座最有礼的城市"。

当今全球化背景下的经济发展模式和人才任用标准，对人才素质提出了前所未有的期望，女性在职场中容易受到忽视和歧视。作为高职女生如果不做好符合自己的就业规划今后将很难在职场立足。如何更加重视高职女生的职业生涯规划，提升高职女生素质，使其成为自尊、自信、自立、自强的现代职业女性，并在职业发展中得到应有的肯定，是摆在广大高职教育者面前的重大课题。衢州职业技术学院以立德树人、知行合一为导向，以培养具有国际视野、创新精神和实践能力，富有社会良知和使命感的技术技能人才为根本任务。经济管理学院为了引导广大学子坚定理想信念，弘扬"经管文化"，营造为共同理想团结奋斗的集体主义氛围，推进大学文化传承创新，于2017年探索建立杜拉拉训练营项目。杜拉拉训练营站在学校培养诚信、有爱、文明的高素质技能型人才的基础上，旨在培养德智体美艺全面发展的独具经管特色的新一代独立自强、秀外慧中、品德高尚、知书达礼、风姿卓越的新时代有礼职场精英女生代表。

杜拉拉训练营项目有以下特点：

（一）培养对象精英化。本项目是在经济管理学院近1200名女生中，经过前期宣传发动、报名选拔等环节，精准挑选的30~40名有意向挑战自我、突破自我、超越自我的小范围女生群体。选择群体虽不是大范围，但具有代表性，是新时期经管类高职女生的典型代表。

（二）培养课程外延性。本项目所有开设的课程均为学生在教学计划内的公共课程、专业课程、公选课程、社团及学生活动等素质拓展课程，素质拓展课程是对在校学习课程的补充和外延，是对学生人文素养、职业素养等综合素质培养的进一步提升。

（三）培养内容多元化。本项目开设课程的内容涉及新时代女生学习、工作、生活的各方面，比如生活技能，烘焙、花艺、茶艺、烹饪等；形体形象，形体塑造、穿衣搭配、基础化妆等；职场礼仪，办公礼仪、商务礼仪、餐桌礼仪等；职场技能，演讲与口才、计算机办公软件、英语口语等。

（四）培养方式实践性。本项目除在专业课程及学生活动外开设其他理论课程后，重点加强学生社会实践、热点金融时事讨论、社会服务等。课程中期，会提前邀请相关行业 HR、优秀校友与学员进行面对面交流、沟通，参与模拟招聘会、建立撰写等；同时会针对当下金融热点，进行案例研讨、观点辩论等，增强对时事的关注和分析能力。

（五）培养效果标杆性。本项目通过系统、全面的培训，每一期打造的 30~40 名新时代有礼职场女性，培养特色知性干练的女生，作为新时期经管类女生的培养目标，作为培养经管类高职女生的标杆。希望这些秀外慧中、品德高尚、知书达礼的精英女生代表影响周围的女同学，以少数带动多数，培养出有文化、有思想、有实践创新能力的杜拉拉女生。

二、活动方案、工作计划

杜拉拉训练营坚持发展精英人才培养模式。针对小范围的品学兼优经管女生，用专业的手段跟方法加以培养与引导，着重于开发和提高学员追求自我价值的内驱力，认知力，分析力，审美力，激发学员强烈的竞争意识，提高人文素养，金融素质。通过开设形象设计、形体塑造、礼仪培训、生活技能、职场技能、财经金融论坛、校企对话、国学经典等课程，通过实体课堂、社会实践、自学经典＋实体课程＋社会实践＋交流分享对学员科学系统的培养，让学员掌握各项礼仪技能及专业知识，提升经管学子自我修养，增强经管学子自尊意识，塑造卓异与性情、气质与修养，风度与品味、理性与感性相结合的职场精英。力求传承"古典罗敷"勤奋、娴熟的高尚品质，秉持"现代女性"自信、自爱的美好品格。

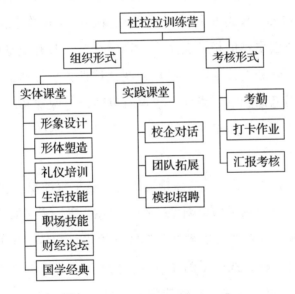

图 5-1　杜拉拉训练营架构图

学员学习年限一般为一年，基础课一学期开课2~4次。培养方式包括基础课程、社会实践等。1.基础课程。由校内外导师对杜拉拉训练营学员进行集中培训授课，每学期2~4次，时间集中安排。2.社会实践。定期组织素质拓展，增强团队凝聚力和战斗力；组织参观大型企业，感受企业文化以及企业对人才的要求，以便有更好的努力方向。

考核方式为：1. 考勤。基础课程和社会实践，一学期累计不超过两次课缺勤。2. 汇报考核。考核期结束后，所有学员进行汇报，有相关导师进行逐项考核。3. 所有考核通过，取得杜拉拉训练营结业证书。

活动方案详见附件1《经济管理学院第一期杜拉拉训练营培养方案》。

三、活动成果

第一期杜拉拉训练营共有42名来自五个专业、两个年级的女生，自2017年11月第一节课开始，杜拉拉训练营利用课余时间，已开课七门，80余节，力图从文化底蕴、语言表达、形象管理、生活技能等方面进行全面培养，使其早日成长为独立自强、秀外慧中、品德高尚、知书达礼、风姿卓越的精英女生。为期六个月，共开设瑜伽、演讲和口才、化妆、商务礼仪、国学经典、花艺培训、烹饪培训、手工、读书沙龙、读书笔记和电影影评、热点时事评论等课程和活动，42名学员没有一人旷课、自始至终保持好奇、积极、热情的心态学习每一门课程和技能。

2018年5月，42名学员站在舞台进行结业汇报演出。"蝉声陪伴着行云流浪，晨曦惊扰了陌上新桑……"悠悠乐曲，荡气回肠，轻歌曼舞，翩若惊鸿，古典舞《锦鲤抄》演绎女生当代和传统美的结合；《知行合一》的礼仪操，践行了衢州有礼，衢职有礼，体现了当代大学生"细节之处见礼仪"风采；自创诗歌《衢州，一枝独秀》，展现了地方高校女生俯身贴地的独特情感；瑜伽舞蹈《小幸运》则结合柔美和阳刚，展现了女生独特的魅力；身穿汉服霓裳的学员们，或天马行空表演插花艺术，或心灵手巧摆弄精致手工，将表演和展示融为一体。汇报演出得到了全校师生、校外相关媒体的一致好评，这是他们六个月训练的成果，更是对训练营改变自我、超越自我的展现。

第一期杜拉拉训练营42名学员，经过六个月的系统全面训练后，在学习成绩、职业素质和素养等各方面有了较大提升，90%以上的学生有不同程度的改变。42名学员在参加杜拉拉训练营前后的学习成绩、综合测评、奖学金等荣誉、学生干部任职等方面的占比都有明显的提升，具体如下图（指标为项目占总人数的比重）：

图 5-2　杜拉拉训练营前后对比

项目	学习成绩30%前	综合测评30%前	奖学金等荣誉	学生干部任职
训练营前	42.9%	38.1%	42.8%	26.2%
训练营后	78.6%	71.4%	83.3%	75.2%

第一期学员在参加完训练营所有项目后，改变与进步突出的有：

16连锁经营管理何倩倩同学从大一不担任任何学生干部、不参加任何学生活动到站立舞台，展示自我；与训练营其他学员一起参加衢州市第六届大学生工商模拟市场大赛，并取得最佳销售商铺奖；主动参加学校阿里巴巴校企合作基地客服工作并获得月度最佳业绩奖；点点滴滴的改变是对杜拉拉训练营最好的肯定的。

17应用英语陈晓玲同学大一进校后，未应聘班级班委职务，不主动参加班级、学院、学校学生活动。参加训练营后，变得积极乐观、开朗，在训练营中期该生在运动中不小心把脚扭骨折，但因为训练营的团结、课程的意义，让她觉得非常难过、遗憾。在医院及家中休养的一个半月时间，通过自我训练，自我加压，不放弃训练营课程的学习；在康复之后，立即投入训练营的课程中，在成果汇报中主动担任小组组长，进行节目编排。大二开学后，由于在训练营中的表现的坚强毅力和刻苦精神，被班级同学推选为团支书兼班长，这是她大学中一次重大的突破和改变。

第二期已于2018年11月14日顺利开营，共招募了2017级、2018级在校女生30名。在第一期的基础上，第二期训练营在课程、师资、考核、评价等模块上均作了较大变化。比如在职场礼仪课上，要求所有学员每一次课都必须按照教师规定的服饰、鞋类和配饰进行穿戴，保证教学效果的真实性和延续性。

第二期训练营在课程安排上与经管类专业人才培养方案相融通。开展个性化人才培养，做到因材施教与因性别施教相统一，将杜拉拉训练营特色素质教育课程纳入专业人才培养方案。球型模型把女性教育课程分为三个层次，内层是核心课程，中层是基础课程，外层是实用性较强的外围课程。核心课程包括中外妇女运动史、马克思主义妇女观、女性学概论等；基础课程主要包括妇女成才学、女性心理学等；外围课程主要包括女性商务礼仪、现代家政、女子健美、艺术插花、音乐鉴赏等。当下杜拉拉训练营的课程属于外围课程，探索构建以"内修、外塑、才技"三大模块为基础的课程体系，开设的课程需包括女性心理学、国学经典、女性理财等核心课程和基础课程，紧密与人才培养方案相衔接。

第二期训练营增加了特色素质教育理论课程教学与实践活动相融通。除开展理实一体化的课程教学外，还应以项目活动为载体，加强与第一、第二、第三课堂的实践活动，重视实践教学环节，在课外活动、实习及社区服务中帮助学生培养责任意识、协作意识、团队精神和领导能力。同时，围绕女生核心职业素质培养，可在训练营内部成立礼仪组、花艺组、演讲与口才组、舞蹈组等，让课程学习与特长发挥有效对接。

杜拉拉训练营开设一年多来，受到了学校、学院领导，全体师生的高度重视，《浙江教育报》《衢州日报》等媒体进行报道。

杜拉拉训练营开营仪式和结业汇报对比照

杜拉拉训练营学员职场商务礼仪学习前后对比

衢职院为女生开设
"杜拉拉"训练营

本报讯（通讯员 蒋雪芬）衢州职业技术学院经济管理学院近日成立了"杜拉拉"训练营，首批42名女生来自该学院大一、大二两个年级，她们将在课余时间参加为期1年的主题课程与实践，以提升未来的职场竞争力。

据了解，"杜拉拉"训练营学员的学习年限为1年，不占用专业学习时间。培养方式包括基础课程和社会实践两类。基础课程覆盖形象设计与提升、面试礼仪与演讲口才、生活技能与职场常用技能等。此外，还设有财经金融论坛、校企对话、国学经典等各个板块活动。

据主办方介绍，以往有很多学生自身条件不错，却因口才、沟通礼仪等不足，无法施展才华，从而错失心仪的工作机会。训练营的开办正是希望学生未来更好走上工作岗位，成为秀外慧中、品德高尚、知书达理的精英女性。学院今后每年都将选拔30~40名女生，用专业的手段加以培养引导，提高大家的人文素养和金融素质。

2017年12月4日《浙江教育报》报道

四、活动照片

杜拉拉训练营活动照片锦集

杜拉拉训练营学员参加花艺培训　　"阅读，遇见更好的自己"读书沙龙

职场商务礼仪展示　　　　美食大比拼：烹饪技能培训

瑜伽舞蹈展示　　　　　手工、传统文化展示

五、师生反应的心得

16会计专业周小影：

我们有快乐，有笑声，有掌声；我们有希望，有理想，还有阳光。是杜拉拉训练营教会我，不管怎样遇事不慌；是杜拉拉训练营教会我，努力就一定有结果；是杜拉拉训练营教会我你所在的地方，是你的人生舞台，敢于拼搏，敢于努力，是你最初的信仰。

17会计沈佳琳：

有一句话，"狼性的年纪不要做一个俗人"，我们真的很普通，淹没在大海里并不会发光，但现在的我们是闪闪发光的年纪，无法允许自己在大学的三年中默默无闻，无所作为。杜拉拉训练营给我一个机会，让我从羞涩的女孩变成了舞台上沉稳的"杜拉拉"，让我们一群有上进心的女孩一路花开！

17会计詹恬恬：

茫茫人生，好像荒野。回想起刚进杜拉拉训练营，瑟瑟秋风里夹杂着欣喜与好奇。对未知课程的期待以及能接受锻炼的决心，很庆幸在训练营遇到了另外42名志同道合的灵魂，我们并肩前行，在后面苦涩的生活里创造出了更多的甜。

17市场营销专业周欣一：

我从一个什么都不会的小白到如今能绽放一些色彩，杜拉拉训练营功不可没。你，承载了我们的梦想，你助我们飞翔，你栽培了我们的能力，我想，我们能做的就是对你的传承。感谢老师，感谢训练营让我遇见了不同往日的自己。

17应用英语专业郑梦娇：

在学习中成长，在成长中实践。人生就是这样，每一次的学习就是一次实践的机会，每一次的实践就是一次挑战。在杜拉拉训练营的日子，我有一种新的感受："学到的越多，不知道的就越多，挑战的就越多，收获就自然越多"。

杜拉拉训练营营长、经济管理学院学工办主任蒋雪芬：

丁酉辛亥，她们怀揣梦想，入营培训。从此，奔波在提升自我之路：学礼仪，修口才，研国学，重阅读，练瑜伽，做手工，习化妆……180多天的修炼后，相比起入营时的羞涩，她们更大方、更自信，她们的成长点滴可见。每门课程，都是打开新世界的窗，希望42名第一期的杜拉拉们在今后的生活、学习和工作中，都能保持好奇之心，不断探索，丰富人生。

经济管理学院党总支书记斯彬彬：

上大学意味着什么？是奋斗的开始还是终结？你想在大学里得到什么？你又如何得到这些……如果你想遇见更好的自己，那么杜拉拉训练营或许能给你机会。上大学的任务就是不断寻找、不断试错、不断确定、不断坚信的过程，这也是生命的意义。坚持，真的不一定能梦想成真，但不坚持肯定无法到达终点。"一张健身卡短暂的一生""每学期开学要重新做人"等等，这样的人和事，我们见得太多。在梦想的路上走了两三步摔倒了，就顺势躺下了，也顺手埋葬了自己的梦想。希望你们能像杜拉拉一样，历经磨炼，依旧认真、理智、积极、温情。

六、推广经验分享

（一）浙江高职院校首创

据相关统计了解，在浙江省高职院校中，杜拉拉训练营项目为首创。高职学生渴望被认可，女生性格内敛，如何激发潜能一直值得思考。在进入大学前80%的女生缺乏自我认知，一般用成绩衡量自身综合素质。高职院校学生如果在工作经历和职业技能相当的情况下，良好的仪表和内在修养能大大提高面试成功率。有很多学生自身条件不错，却因口才、沟通礼仪等不足，无法施展才华，因个人素质差异带来的就业差异非常明显，杜拉拉训练营助力学生走上更好的工作岗位。在训练营创办之初很多女学生都给自己定下了标签，缺乏主动探索自我的动力。通过开办该训练营，女生通过各门课程的学习在提升自我认知的同时也提升了自我的信心。从之前的自卑逐渐变得自信满满，自信的外在表现就是气质上升，带动了周边的同学，从而提升了整体女生的自信心。

（二）增强应对职场的调整能力

女性在职场中处于劣势，高职女生因为学历问题职业发展很受限，职业的变化会比较多。很多女生在毕业后经常陷入不断更换工作的苦恼中。在训练营中我们以职业生涯规划理论为整个职场能力提升的核心，提升应对风险的能力。同时邀请相关领域年轻学者和企业家给大家分享职场故事，让学生在校期间对今后职业有一定了解，同时增强了应对职场变化的调整能力。高职女生因为其职业发展的特殊性，需要量身打造就业方案，提升高职女生就业能力。同时通过训练营的课程，帮助女生更好的认识自我，认识职场环境，认识职业所需能力；对于职业发展目标渐渐清晰，发展路径有条理，不会盲目发力。

（三）训练营课程培养需与经管类行业职业发展需求相融通

经管类高职院校培养的人才需切合社会经济建设需要，应建立用人单位人才反馈机制，了解经管类行业职业发展需求，有针对性地开展特色教育，使女生素质培养与经管类行业职业发展需求相融通，满足社会对人才的需要。女生特色素质教育应遵循"以生为本""全面发展""内外兼修"等教育价值理念，以女生特色素质教育课程体系为依托，提高女生内在修养和外在形象，帮助女生树立正确的职业理想，培养良好的职业态度，实现合理的价值定位，提高适应职场、适应社会、适应家庭的能力，达到女生素质教育的目标。同时，强化女生职业价值观教育，引导女生关注人才市场需求的常变常新，了解自己的职业个性和性别优势，适时修改个人职业生涯规划，实现职业理想与职业现实的接轨。

（四）训练营课程线下课堂与线上课堂相融通

训练营课程教育覆盖面广，实体课堂教学由于受到学时、师资等各种客观条件的制约，很难在时间和空间上得以全面覆盖。经管类高职院校可探索实体课堂以外的丰富多样的教学组织形式，如网络课堂、项目活动等。目前，要充分利用作为教学创新技术支撑的新媒体，建设网络自主学习平台等载体，开展网络课堂教学，更好地满足女生多样化、个性化的需求。网络自主学习平台作为女生自学的线上课堂，其建设要以丰富的学习资料为前提，如课程 PPT、微课视频、电子教案、教学案例、课程测验等。训练营女生可根据学习习惯、学习兴趣和学习风格，自由选择学习方式，通过融通线上线下两个课堂，达到有效整合学习时间、提高学习成效的目的。

附件1

经济管理学院第一期杜拉拉训练营培养方案

为了引导广大师生坚定理想信念，弘扬"经管文化"，巩固团结奋斗的共同思想基础，推进大学文化传承创新。我院建立杜拉拉训练营项目，旨在培养德智体美艺全面发展的独具经管特色的新一代独立自强、秀外慧中、品德高尚、知书达礼、风姿绰约的精英女生代表。通过打造杜拉拉训练营品牌，引领我院学子加强自身的综合素质培养，陶冶情操，提高自身气质与涵养。同时，训练营也通过提炼国学精华，宣传金融知识，将传统历史智慧和传统哲学文化与现代经营管理相结合，打造一批有思想、有文化、懂历史、精谋略、强分析、有实践创新能力的新时代职场女性。

一、培养宗旨

杜拉拉训练营传承经管风貌，提升经管学子自我修养，增强经管学子自尊意识，塑造卓异与性情、气质与修养，风度与品味、理性与感性相结合的职场精英。力求传承"古典罗敷"勤奋、娴熟的高尚品质，秉持"现代女性"自信、自爱的美好品格。

二、培养目标

杜拉拉训练营坚持发展精英人才培养模式。针对小范围的品学兼优经管女生，用专业的手段和方法加以培养与引导，着重于开发和提高学员追求自我价值的内驱力，认知力，分析力，审美力，激发学员强烈的竞争意识，提高人文素养，金融素质。同时，训练营通过对学员科学系统的培养，让学员掌握各项礼仪技能及专业知识，把经管女生逐渐培养成为多专多能，杰出自信的复合型人才！

三、培养口号

博识自强　　坚毅果敢　　秀外慧中

四、培养对象

挖掘以下四个方面较为突出的经济管理学院在校女生

1. 涵墨女生【勤学善思的女生】

2. 艺馨女生【有文体特长的女生】

3. 向阳女生【热心志愿和公益的女生】

4. 奔梦女生【有创业梦想的女生】

五、培养单位及时间

经济管理学院；学员学习年限一般为一年，基础课一学期开课2~4次。

六、主要课程

1.形象设计。通过开展化妆、穿衣搭配等课程，培养学员的自身形象，从整体上提高学员的品味。

2.形体塑造。组织学员集体学习舞蹈、瑜伽等课程，打造出学员的完美身材与健康体魄。

3.礼仪培训。安排学习面试礼仪和演讲口才等培训，从而提升学员的自信及求职应聘能力，为她们在未来的求职路上做好准备。

4.生活技能。通过开展插花、茶艺、烘焙、烹饪等课程，培养学员生活方面技能，从外在提升女性魅力。

5.职场技能。通过开设职场 ppt, word, excel 等计算机培训，官方文案写作，英语口语提升，人际关系处理等提升学员的职场基本能力，增加学员的竞争优势。

6.财经金融论坛。通过分析财经实事，阅读财经类书籍，观看财经类电影，全面提升我院作为经管类高职学生所具备的经济素养；通过开展金融论坛、金融辩论，提高经管女生创新精神和实践能力，展现当代大学生精神风貌和智慧，培养科学投资理财观念。

7.校企对话。通过邀请知名企业的成功人士来校与学员进行对话，让学员更加了解企业所需要人才的要求，并进行有一定针对性准备及提高训练，使学员在未来求职中更具有竞争力。

8.国学经典。通过开展国学授课、国学演讲、参观国学馆等活动，对传统历史事件和人物，传统文学，传统哲学思想的解读，传统文化和艺术的鉴赏，国学与现代经济生活应用探索，为经管精英女生带来领悟和思考。

七、教学组织与管理

教学组织形式：实体课堂、社会实践。

学生学习方式：自学经典＋实体课程＋社会实践＋交流分享。

考核方式：1.考勤。基础课程和社会实践，一学期累计不超过两次课缺勤。2.汇报考核。考核期结束后，所有学员进行汇报，有相关导师进行逐项考核。3.所有考核通过，取得杜拉拉训练营结业证书。

八、预期效益

1.每一期训练营培养30~40名精英女生，代表经管女生学子标杆。

2.由30名精英女生代表向学院以及学校其他学子辐射，推广精英培养模式。

垃圾分类：新青年的生态文明行动

一、活动设计理念

世界著名未来学家托夫勒在《第三次浪潮》中预言："继农业革命、工业革命、计算机革命之后，影响人类生存发展的又一次浪潮，将是世纪之交时要出现的垃圾革命。"中国城市垃圾每年的产出量约为4亿吨，且近年来城市垃圾产量逐年上升，中国有445个城市被垃圾围困，"垃圾围城"严重影响环境质量和人体健康，同时也造成资源消耗和二次污染，可谓"民心之痛"。我国在"十二五"规划中提出全国城镇生活垃圾无害化处理。李克强总理在2017年政府工作报告中指出："加强城乡环境综合整治，普遍推行垃圾分类制度"。2018年衢州有礼市民公约第十五条指出：垃圾投放要分类，看到随手捡入桶。

垃圾是经济社会发展的产物，而目前仅靠单一的填埋、焚烧或堆肥的处理方式已经远远跟不上垃圾产生的速度，填埋所引起的土地资源紧缺和焚烧产生的有毒有害气体已成为威胁我国和世界各国的重大难题。垃圾分类和减量是从根本上解决"垃圾围城"的有效方法，是一项长期系统的社会工程，需要一代又一代人长期不懈地努力和坚持。校园学生群体是践行垃圾分类的主力军。校园实行垃圾分类是时代赋予新青年的历史使命；是践行"两山"理论、助力"五水共治"、共建"生态文明"的必然要求；是规范新青年行为、培养新青年品格、提高新青年素养的有效途径。通过加强宣传教育，广泛渗透；打磨分类方法，完善必要设施；健全组织、奖惩制度；成立爱心基金，提升垃圾分类内涵建设，普及校园垃圾分类，从源头减少垃圾产生，加快我国垃圾分类事业进程。

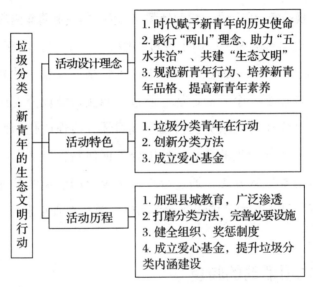

图 6-1 衢职有礼 机电有我 框架图

（一）时代赋予新青年的历史使命

自"十二五"规划提出全国城镇生活垃圾无害化处理以来，全国各地积极投身生活垃圾处理中，浙江率先实行垃圾分类，也取得了很好的成效，但是目前全国上下的垃圾分类工作基本集中在城市社区或者农村地区，而忽略了人口众多的青年聚居地"校园"。从小学→初中→高中→大学，校园都是垃圾分类宣传教育实施的主阵地，青年一代是垃圾革命的后生力量，让青年一代行动起来，发挥青年一代的攻坚力量，提高垃圾分类，才是打开垃圾分类革命的"心门"，是倡导绿色发展，建设生态屏障，节约资源消耗的必选之路。

（二）践行"两山"理论、助力"五水共治"、共建"生态文明"

浙江省从2013年作出生态省建设决策部署，到近年来的"美丽乡村建设""三改一拆""五水共治""四边三化"等重点工作，浙江始终坚持"绿水青山就是金山银山"，把垃圾分类处理作为一项重要工作。青年学生作为社会的新生力量，应发挥"青年勇担当"精神，努力践行"两山"理论，切实助力"五水共治"，积极共建"生态文明"。

（三）规范新青年行为、培养新青年品格、提高新青年素养

著名心理学家威廉·詹姆士说过：播下一个行动，收获一种习惯；播下一种习惯，收获一种性格；播下一种性格，收获一种命运。就是说习惯是可以改变一个人的命运，通过校园实行垃圾分类这样的日常行为规范，让学生把垃圾分类行动形成习惯，习惯内化为性格，性格就有可能改变青年学生的命运。垃圾分类促使新青年从自己产生的日常生活垃圾分类整理开始，通过合理取舍及分门别类的整理归纳，进而规范新青年日常行为、培养新青年品格、提高新青年素养。

二、本项活动的特色

（一）垃圾分类青年在行动

校园作为青少年聚居地，从小学→初中→高中→大学都是垃圾分类宣传教育实施的主阵地，青年一代是垃圾革命的后生力量。让青年一代行动起来，发挥青年一代的攻坚力量，提高青年垃圾分类素养，才是打开垃圾分类革命的"心门"，是倡导绿色发展，建设生态屏障，节约资源消耗的必选之路。

（二）创新分类方法

机电工程学院垃圾分类主要针对的是在校学生群体，根据执行分类的群体性质和所产生主要垃圾的不同，摒弃会烂与不会烂、可回收

与不可回收以及干湿分类法的晦涩难懂，提出了按照垃圾材质进行分类，具体分为：塑料类、纸质类、金属类和餐余类。让垃圾分类更加简单、易懂、方便。

（三）成立爱心基金

成立新青年爱心基金，将分类整理出来的塑料、纸质、金属资源售卖后的钱款充入爱心基金，爱心基金用于资助品学兼优且家庭贫困的学生，帮助他们顺利完成学业。

三、活动历程

（一）加强宣传教育，广泛渗透

垃圾分类并不难，难在分类的意识，难在分类的坚持，难在分类习惯的养成。通过培训教育和各类活动，深化垃圾分类回收意识。对每位师生进行宣讲，制定垃圾分类的"三横四线"教育模式，从师生党员、班主任、班干部层面入手，展开垃圾分类培训教育，提高校园师生群体垃圾分类意识。同时借助主题班会、品牌活动、新青年大讲堂，在活动中进一步强化垃圾分类的历史使命和时代意义，全方位提高师生垃圾分类的责任意识。

运用网络微平台，进一步强化垃圾分类回收的意义和责任。利用学生易于接受的互联网技术，借助直播平台播放一些"绿水青山就是金山银山"为主题的教育片、"垃圾围城"视频及"绿色、资源"相关经典名著电影等；搜集身边形象生动的垃圾分类故事，借助微信、微博和QQ等传播功能，以图文并茂、喜闻乐见的形式发布在公众平台上；开通网上相关的人物采访或专题讲座。采用这些互联网教育形式，坚持以积极正面的宣传为主，把垃圾分类教育贯穿到学校日常的视频宣传、公众号主题阅读和模范典型宣传中，让学生在文化氛围中潜移默化地体会到垃圾分类的重要意义和青年一代肩负的责任。

（二）打磨分类方法，完善必要设施

自"十二五"和"十三五"规划相继提出全国城镇生活垃圾无害化处理及设施建设规划以来，全国各地积极投身生活垃圾分类处理中，浙江更是走在了全国垃圾分类的前列，也取得了很好的成效，如金华地区的会烂与不会烂分类法、杭州地区的干湿分类法以及其他地区的可回收与不可回收分类法。机电工程学院垃圾分类主要针对的是在校学生群体，根据执行分类的群体性质和所产生主要垃圾的不同，摒弃会烂与不会烂、可回收与不可回收以及干湿分类法的晦涩难懂，提出了按照垃圾材质进行分类，具体分为：塑料类、纸质类、金属类和餐余类，让垃圾分类更简单、易懂、方便。

对校园、学生公寓和教师办公室进行垃圾分类主题文化墙布置，营造氛围。通过校园文化氛围的营造，让垃圾也是宝贵的资源、垃圾分类人人有责、绿水青山就是金山银山等意识深入师生脑海里。对垃圾桶进行有温度的创意设计，让师生不再把垃圾桶仅当作垃圾桶，而是把它当作资源收纳箱。针对每间办公室、寝室和每层楼道配备资源收纳箱，每间办公室和寝室配备4个资源收纳箱，分别是：塑料收纳箱、纸质收纳箱、金属收纳箱和餐余收纳箱；每天的负责人把从办公室、寝室里的塑料收纳箱、纸质收纳箱、金属收纳箱中的资源整理投放到相应每个楼层配备的3个大资源收纳箱中。

（三）健全组织、奖惩制度

健全领导组织机构。学校成立专门的垃圾分类职能部门，该部门归属学校主管学生工作的学工部，与学工部下设的心理健康教育、勤贷助学、公寓管理等科室并列。并由学校主管学生工作的副书记牵头，定期召集学工部的领导、各二级学院总支书记和学工办主任等垃圾分类实施情况专题会议，提出"实施"过程中遇到的问题，召开商讨解

决办法。学校全面重视青年学生垃圾分类习惯养成教育。

分类投放管理到位，设置健全、合理、弹性的奖惩制度，通过奖惩制度来规范学生的分类投放行为。1.建立垃圾分类回收素质拓展学分制和"积分兑换"制度，并附有灵活的学分积累和转换制度。2.将学生参加的垃圾分类宣传活动时间纳入学生志愿服务。3.设置公平合理的评奖评优机制，对垃圾分类投放做得好的学生以及优秀学生管理人员给予评奖评优时优先考虑，从而激励全校学生加入校园垃圾分类行动中，促进全校学生垃圾分类意识的形成。

（四）成立爱心基金，提升垃圾分类内涵建设

成立新青年爱心基金，将分类整理出来的塑料、纸质、金属资源售卖后的钱款充入爱心基金，爱心基金用于资助品学兼优且家庭贫困的学生，帮助他们顺利完成学业。管理人员每周公布资源分配业绩表，让青年们懂得：我们不仅仅在进行垃圾分类，更是在提高素养，在创造成功的条件；我们在种树，在绿化地球，在节省汽油；我们在为爱心基金充值，在贡献自己的一份爱心。从而让师生们认识到垃圾分类不仅规范新青年行为、培养新青年品格、提高新青年素养，同时也是时代赋予新青年的历史使命，做好垃圾分类是青年一代肩负的责任。

四、活动成果

（一）垃圾分类并不难，难在分类意识的养成。通过"三横四线"，垃圾分类培训教育，主题班会、品牌活动、新青年大讲堂等活动的广泛开展，师生思想认识全面提高。

（二）健全垃圾分类督查制度，将垃圾分类纳入寝室卫生评比，文明寝室创建成效显著，为衢州文明城市创建助力。

（三）通过合理取舍、分门别类的整理归纳，学生整理归纳能力和文明素养快速提升，同时也慢慢培养学生一丝不苟的匠心精神。

（四）一年来，共收集到纸质资源1920斤、塑料资源768斤、金属资源896斤，减少了1.79吨垃圾的产生，相当于少砍伐树龄为30年的树木19棵，回炼230公斤的无铅汽油和柴油，节省9吨的铝矿开采。

五、师生反应的心得

张高波　　16数控2班：

垃圾是放错了地方的资源，合理地运用可以有很大的好处，我院执行垃圾分类一年来，宿舍的各位同学慢慢摒弃了东西乱摆乱丢的习惯，渐渐将物品摆放细致到位了，寝室卫生也干净整洁多了。

顾尚杰　　16汽检2班：

近几年来，我国环境污染日益恶化，保护环境已然成为公众不变的话题，垃圾革命将是影响人类生存发展的又一次浪潮。作为一名当代大学生，保护环境，提升人民生活的幸福指数，我得贡献自己的绵薄之力，我们要传承劳动模范时传祥"宁可一人脏，换来万户净"的精神，以身作则做好垃圾分类投放、分类收集、分类处理，拿出担当之志，打响垃圾革命的第一枪，同时为衢州"美丽大花园建设贡献自己的一份力量"，努力争做"有礼衢州人"。

曹英杰　　16汽检1班：

垃圾分类的持续进行，我感受到学校的环境改变了，虽不能说，树变绿了，草变青了，但是，将垃圾都按照种类投放在一起，我觉得校园变得更加井然有序了。而且经过垃圾分类相关知识的学习，我明白这些被归了类的垃圾将变成可利用的资源，而我们就是将这些垃圾变成资源的执行者，心中更是有一种自豪感。我相信长此以往，一个人的贡献虽然有限，但只要人人有这样的意识，我们一定会将垃圾变为一种"取之不尽用之不竭"的再生资源。

李小兰　　机电工程学院辅导员：

对资源的节约不仅仅是对这个时代的我们负责，更是对中国的未来负责。5年前我们村里各个角落垃圾随处可见，河道被垃圾堵塞，5年后的今天，经过大家共同对环境的维护，家乡发生了很大的变化，河水慢慢清澈了，空气渐渐清新了。然而垃圾分类的革命还未胜利，仍然需要我们当今社会的每个人扎扎实实地行动起来，在这条路上，我们任重而道远，但我们一定会坚定的走下去！

六、活动照片

垃圾分类讲座

垃圾分类模拟投放

垃圾分类宣传

垃圾分类成果展

七、经验推广分享

（一）活动特色

据国家环保部统计，去年中国内地246个大中型城市全年产生的生活垃圾达1.86亿吨，也就是大约225万架波音747飞机的重量，而目前垃圾处理一般采用填埋或焚烧，人大报告评估北京垃圾年焚烧量突破590万吨，社会成本预计达373.2亿元。此外，垃圾在焚烧的过程中会产生大量的一级致癌物二噁英。"垃圾焚烧"缘何一年"烧"掉370多亿？为何还产生危害我们健康的一级致癌物？垃圾围城，可谓民心之痛。难道真的就没有办法解决了吗？答案是肯定的，那就是垃圾分类，垃圾只是放错地方的资源。调查显示：日常生活中每回收1吨废纸可造纸850公斤，节省木材300公斤，比等量生产减少污染74%；每回收1吨塑料瓶可获得0.7吨二级原料；每回收1吨废钢铁，可炼钢0.9吨，减少空气污染75%。肩负时代责任和历史使命的热血青年，是时候行动起来了。"五水共治齐动手　垃圾分类我先行"，师生共同努力把衢州职业技术学院建设成全省高校的"贺田模式"。

垃圾分类是一场旷日持久战，需要一代又一代人坚持不懈的努力。校园作为青年聚居地，是垃圾分类宣传教育实施的主阵地，重视校园垃圾分类的实施，让青年一代作为垃圾革命的后生力量并行动起来，发挥他们的攻坚力量，以他们为核心，将垃圾分类意识和方法带回家庭，并以此向社会辐射，是加快我国垃圾分类事业进程的有效保障，也是倡导绿色发展，建设生态屏障，节约资源消耗的必选之路，更是促进文明寝室建设，美化校园环境，助力衢州"美丽大花园"建设，是培养新青年素质能力，提高新青年素养的时代需求。

（二）活动优势

垃圾分类在我国各个城市乃至乡村都在执行，分类方法一般都是可烂与不可烂、干湿分类、可回收与不可回收三种，通过随机询问本科学历和研究生学历的一些同学，每次丢垃圾他们能不能快速的反应自己手里的垃圾是属于可烂还是不可烂，是干类垃圾还是湿类垃圾，是可回收的还是不可回收的，并且是否能准确快速的分别投递到相应的垃圾桶里。大部分同学回应他们并不能准确的辨别可烂与不可烂、干湿、可回收与不可回收，觉得这几个分类方法有些晦涩难懂。受教育程度相对较高的成年人都难于理解这几类分类方法，那小、初中学生和一些文化程度较低的市民也许更难准确辨别自己手里的垃圾具体该投入哪个垃圾桶中。考虑到上述因素，机电工程学院经过仔细研究，在分类方法上摒弃晦涩难懂的可烂与不可烂、干湿分类、可回收与不可回收等分类方法，提出简单、易懂、方便的按照垃圾材质进行分类，具体分为塑料类、纸质类、金属类和餐余类。

（三）持续改善的建议

校园作为青年聚居地，是垃圾分类宣传教育实施的主阵地，重视校园垃圾分类的实施，让青年一代作为垃圾革命的后生力量并行动起来，发挥他们的攻坚力量作用，并以他们为核心，将垃圾分类意识和方法带回家庭，并以此向社会辐射，加快我国垃圾分类事业进程。因此，要继续扎实推进校园垃圾分类实施教育。一是进一步加强校园师生群体关于垃圾分类的责任意识，明确垃圾革命是当代师生义不容辞的责任，绿水青山就是金山银山；二是继续执行垃圾分类，将校园垃圾分类向周边社区辐射，形成"学生影响家庭，家庭带动社区，社区推动社会"的垃圾分类回收辐射效应，使垃圾分类渗透到学校和社区的各个角落；三是完善考核奖励制度，激发师生垃圾分类热情。四是加强支撑体系建设，健全条件保障机制。

附件 1

关于开展"五水共治齐动手　垃圾分类我先行"的活动方案

近年来伴随着国民经济的迅速增长，我国生活垃圾年产量已突破 4 亿吨，满目的垃圾层层包围着我们的城市，这些惊人的垃圾不仅处理起来耗费巨资，在处理的过程中还会造成土地资源紧缺和产生有毒有害物质，严重影响居民健康和生活条件。"垃圾围城"可谓民心之痛，打响垃圾革命的攻坚战，让青年一代行动起来，让垃圾分类固化在青年学生的脑海里，通过一代又一代人的努力来打赢这场攻坚战，共同保护我们的家园。具体事项如下：

一、活动宗旨

为了响应我国在"十二五"规划中提出全国城镇生活垃圾无害化处理和习近平总书记提出的建设社会主义生态文明，增强绿水青山就是金山银山的意识，培养青年学生垃圾分类素养，提高青年学生素质能力。

二、活动主题（目标）

五水共治齐动手　垃圾分类我先行

三、办理单位

主办单位：机电工程学院

承办单位：机电工程学院分团委

四、时间、地点

2016 年 10 月　　学校

五、参加对象、服务人数

机电工程学院全体在校师生

六、活动内容

（一）活动宣传。前期大力营造活动氛围，通过微信公众号、宣传板和主题班会，让班级学生对垃圾分类有一个整体认识。认真制定垃圾分类的"三横四线"教育模式，从师生党员、班主任、班干部层面入手，展开垃圾分类培训教育，提高校园师生群体垃圾分类意识。同时借助新生主题班会、品牌活动、新青年大讲堂，在活动中进一步强化垃圾分类的历史使命和时代意义，全方位提高师生垃圾分类的责任意识。

（二）组织观摩学习。组织学生在体育馆观摩塑料、纸质、金属和餐余4种垃圾的分类整理投放，负责老师现场进行解答和指导。

（三）活动开展。对垃圾桶进行有温度的创意设计，让师生群体不再把垃圾桶仅当做垃圾桶，而是把它当做资源收纳箱。针对每间办公室、寝室和每层楼道配备资源收纳箱，每间办公室和寝室配备4个资源收纳箱，分别是：塑料收纳箱、纸质收纳箱、金属收纳箱和餐余收纳箱；每天的负责人把从办公室、寝室里的塑料收纳箱、纸质收纳箱、金属收纳箱中的资源整理后投放到相应配备的3个大资源收纳箱中。

七、预期效益

一是增强青年学生垃圾分类的责任感和使命感；二是让学生养成垃圾分类意识；三是通过垃圾分类，提升青年学生的素质能力和一丝不苟的匠心精神；四是助力衢州"美丽大花园"建设，争做"有礼衢州人"。

青春成人礼：寓礼于志、教、乐

一、活动设计理念

2018年5月2日，习近平总书记在北京大学师生座谈会上的讲话中指出："培养社会主义建设者和接班人，是我们党的教育方针，是我国各级各类学校的共同使命。大学对青年成长成才发挥着重要作用。高校只有抓住培养社会主义建设者和接班人这个根本才能办好，才能办出中国特色世界一流大学。"[①] "当代青年是同新时代共同前进的一代。我们面临的新时代，既是近代以来中华民族发展的最好时代，也是实现中华民族伟大复兴的最关键时代。广大青年既拥有广阔发展空间，也承载着伟大时代使命。青年是国家的希望、民族的未来。我衷心希望每一个青年都成为社会主义建设者和接班人，不辱时代使命，不负人民期望。对广大青年来说，这是最大的人生际遇，也是最大的人生考验。"习近平总书记在北京大学师生座谈会上的重要讲话对新时代的高等教育和高校师生提出的要求，主要归纳为"一个根本任务""两个

---

① 《人民日报》2018年5月3日2版。

标准""三项基础性工作"和"四点希望"。"一个根本任务"即社会主义大学的根本任务是培养德智体美全面发展的社会主义建设者和接班人。"两个标准"即明确了高校工作的"根本标准"和"第一标准",把立德树人作为检验学校一切工作的根本标准,把师德师风作为教师评价的第一标准。"三项基础性工作"即坚持办学方向,建设高素质教师队伍,形成高水平人才培养体系。对广大青年的"四点希望"即:一是要爱国,忠于祖国,忠于人民;二是要励志,立鸿鹄志,做奋斗者;三是要求真,求真学问,练真本领;四是要力行,知行合一,做实干家。习总书记的重要论述,集中体现了总书记对世情国情党情的准确判断,对社会主义办学规律、教书育人规律、学生成长规律的科学把握,是习近平新时代中国特色社会主义思想的重要内容,是习近平教育思想的升华和集大成,是深化教育综合改革、办好社会主义大学的根本遵循,是青年学生成长成才的行动指南。

衢州以打造"一座最有礼的城市"为导向,确立"南孔圣地、衢州有礼"的城市品牌,通过礼续文脉,夯实城市品牌之基;礼促文明,铸就城市品牌之魂;礼成文化,丰厚城市品牌之本。2018年5月16日,《浙江日报》在第5版头条刊发了衢州市委书记徐文光的署名文章:《让"衢州有礼"成为响亮的城市品牌》。徐文光指出,"南孔圣地、衢州有礼"之"礼",内涵至少包括四个方面:一是对自然有礼,就是对自然有敬畏之心,遵循自然规律,保护自然生态;二是对社会有礼,就是人与人之间都有礼,包括社会公德、职业道德、家庭美德、个人品德、为官政德以及打造营商环境最优城市和基层治理最优城市等,都是对社会有礼;三是对历史有礼,就是把优秀传统文化特别是衢州的南孔文化、围棋文化、古城文化等传承好、挖掘好、发扬好;四是对未来有礼,就是把握未来发展趋势,顺应互联网时代、高铁时代、消费升级时代,加大对外开放协作力度,包括大力发展美丽经济幸福产业、数字经济智慧产业，大力培育新经济、新动能，谋划重大城市基础设施建设等，这是对一座城市的未来负责。

衢州职业技术学院紧紧围绕高校"立德树人"的根本标准，积极响应"南孔圣地、衢州有礼"的城市品牌，将"衢职有礼"融入学校人才培养计划和学生德育实践活动。"青春成人礼"作为该校的重要活动课程单元，既是践行习近平新时代中国特色社会主义思想的具体德育实践，也是为大学新生量身打造的青春盛典。主题鲜明、内容丰富的典礼活动，赋予了"思政活动课程"更强的仪式感、教育感和舞台感，帮助广大青年学子在见礼、明礼、献礼中成长为具备身心健康、爱与关怀和尚德弘毅的匠心型人才。"青春成人礼"主要有以下三个方面特点：

（一）寓礼于志，打造一次特殊的"成人宣誓礼"。通过面对国旗的"礼誓"环节，提升青年学生的成人意识、有礼意识、感恩意识、社会责任意识，赋予活动更强的仪式感。

（二）寓礼于教，打造一堂特殊的"始业教育课"。通过励志演讲的"礼教"环节，培养青年学生诚信有礼、宽宏坚毅、身心健康及爱与关怀等素养，赋予活动更强的教育感。

（三）寓礼于乐，打造一场特殊的"迎新生晚会"。通过舞台表演的"礼乐"环节，展现青年学生健康向上、诚信有礼和尚德弘毅的精神风貌，赋予活动更强的舞台感。

二、活动方案、工作计划

本项活动坚持把推进"衢州有礼"与学校"立德树人"的根本标准相结合，为大学新生打造一次特殊的"成人宣誓礼"、一堂特殊的"始业教育课"、一场特殊的"迎新生晚会"。活动主要分三个环节：

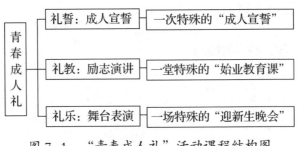

图 7-1 "青春成人礼"活动课程结构图

（一）礼誓——成人宣誓。组织全体大学新生面对国旗，庄严宣誓，在"十八而志"的成人宣誓中提升成人意识、有礼意识、感恩意识、社会责任意识。

（二）礼教——励志演讲。邀请优秀师生代表做主题演讲，帮助青年学生在励志分享中接受教育、长才干，培养诚信有礼、宽宏坚毅、身心健康及爱与关怀等素养。

（三）礼乐——舞台表演。组织迎新生文艺汇演，在精彩纷呈的舞台表演中展现青年学生健康向上、诚信有礼和尚德弘毅的精神风貌。

以"2018青春成人礼"为例，本场活动以"我和我的祖国"为主题，共分为"爱国""励志""求真""力行"四个篇章。整场典礼充分发挥"思政活动课程"的育人作用，以贴切青年的时尚气息、绚丽的舞台和充满正能量的青春励志故事，引领广大学子在"爱国""励志"中追求卓越、在"求真""力行"中绽放华章，启迪2018级新生热爱祖国、感恩祖国、报效祖国。活动的每一个篇章都以励志视频短片承接，视频《药之风雅 励志人生》以我校中药馆为拍摄地点，诠释了师生们潜心研学、励志奋斗的精神；视频《对话十八岁》从采访新生家长的视角，展现了改革开放40年来普通家庭的奋斗历程与时代的发展变迁；视频《中国很赞 衢职有礼》将古城风貌与城市新颜交融在一起，展现了"活力新衢州 美丽大花园"的风采，引导广大学子争做知礼、明礼、献礼的有礼青年。

三、活动成果

（一）参与人数逐年增加

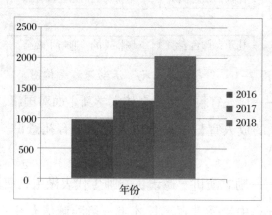

图 7-2 "青春成人礼"参与人数

"青春成人礼"参与人数2016年为980人，2017年为1293人，2018年为2028人，呈逐年递增趋势。

（二）观众好评率逐年提升

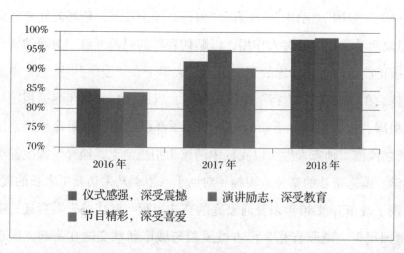

图 7-3 2016-2018年观众好评率对比图

对比2016年、2017、2018年观众好评率，认为活动"仪式感强，深受震撼"的观众比率分别为85.2%、92.4%、98.2%，呈逐年上升趋势；认为活动"演讲励志，深受教育"的观众比率分别为82.8%、95.3%、98.6%，呈逐年上升趋势；认为活动"表演精彩，深受喜爱"的观众比率分别为84.3%、90.7%、97.3%，呈逐年上升趋势。通过"问卷反馈"数据可知，本项活动形式日趋成熟、成效日趋显著，观众好评度日益提升。

四、活动照片

"青春成人礼"活动照片集锦

礼誓：面对国旗，庄严宣誓

礼誓：十八而志，青春万岁

礼教：万少华团队成员、优秀毕业生祝黎昕做《感恩与回报》主题演讲

礼教：留学海归、教师代表陶莉莉做《看过世界，更爱国》主题演讲

礼乐：校园形象大使同台互动　　　　礼乐：中华传统文化表演

五、师生反应的心得

（一）学生心得

经济管理学院17级邵同学说，

有一种青春叫大学！这台主旋律色彩浓郁的青春盛典，是衢职院送给我们每一位新生最好的"礼物"。愿我们都能够不忘初心，做一名笃学、有礼的衢职新青年！

机电工程学院17级黄同学说：

今年的"青春成人礼"带给我很多感动。追梦、磨练、成长、感恩，以梦为马，不负韶华！以孝心对父母，以诚心对他人，以热心对社会，以忠心对国家！天地为鉴，国旗为证！十八而志，青春万岁！

医学院18级赵同学说：

爱国、励志、求真、力行，是习总书记对广大青年的寄语和期望。参加了今年的青春成人礼，我深受震撼。聆听了老师和学长学姐们的励志演讲，让我更加坚定了理想信念和人生目标。作为新时代的青年，爱国是一种静水流深的感情，体现在点滴的日常生活中，在工作岗位上认真负责，在学业上有所进步，在每一个自己挑战的领域有所突破，这就是最朴素最温情的"爱国方式"。让我们一同携手，为祖国骄傲！

（二）教师心得

衢州职业技术学院党委书记崔戴飞说：

本次青春成人礼主题鲜明、形式活泼、内容丰富，是宣传贯彻党的十九大精神的一次很有教育意义的活动。庄严的宣誓、老师的教诲、学长的榜样、同学的典型，既精彩又富有内涵，不仅展现了当代大学生青春活力、朝气蓬勃的精神面貌，更以震撼心灵的仪式，启迪广大青年理解国家的发展与个人的关系，学会个人成长与回报感恩的情怀。希望衢职院的青年学子要以习近平新时代中国特色社会主义思想为引领，奋发进取，砥砺前行，努力把自己打造成实现中国梦的生力军！

六、推广经验分享

（一）"以礼促教"聚焦立德树人

立德树人是检验学校一切工作的根本标准。本次活动坚持把推进"衢州有礼"融入学校的德育教育课程，通过礼誓、礼教、礼乐的"三礼融合"，以礼促教，引导青年学生见礼、明礼、献礼，助推诚信有礼、宽宏坚毅、身心健康及爱与关怀等核心素养的提升。

（二）"明确主线"提升活动实效

鲜明的活动主题和篇章是整场活动的思路和灵魂。如，2017青春成人礼以"成长与感恩"为主题，分为"追梦""磨炼""成长""回报"四个篇章；2018青春成人礼以"我和我的祖国"为主题，分为"爱国""励志""求真""力行"四个篇章。在主旋律色彩浓郁的青春盛典中，赋予丰富的活动载体，让青年学子得到更为全面、生动的启迪。

（三）"精准定位"立足青年视角

活动设计需要把握当代青年的需求特点。在活动课程的设计中要注重构建分层分类一体化思想引领体系，遵循青年学生成长和思想教育引导的客观规律，面向不同阶段学生、不同层面精神需求的目标、内容和方法，梳理和提炼特色活动单元，不断深化活动的内容、形式和载体。本次活动根据大学新生的特点，精准定位，以贴切青年的时尚气息、绚丽的舞台和充满正能量的励志故事等，赋予整场活动更强的仪式感、教育感和舞台感，既是一次特殊的"成人宣誓礼"，也是一堂特殊的"始业教育课"，更是一场特殊的"迎新生晚会"。

（四）"持续推进"丰富课程内涵

丰富的课程内涵有助于更好地开展思政育人。在活动课程的内涵建设中，一是要坚持学生主体地位，激发学生的主观能动性，真正让青年学生成为活动课程设计和参与的主角；二是要充分发挥榜样示范作用，通过寻访宣传身边的"最美人物""励志典型"，为广大学子带去更多的启迪和感悟；三是要以文育人、以文化人，通过高雅艺术、传统文化、礼仪教育等优秀的文化精髓，引导青年学子在浓郁的校园文化氛围中提升气质、品格、内涵和修养。

附件1

"青春成人礼"活动方案

一、活动宗旨

围绕高校"立德树人"的根本标准，响应"南孔圣地、衢州有礼"的城市品牌，践行我校培养具备身心健康、爱与关怀和尚德弘毅的匠心型人才的教育目标，提升青年学生的核心素养和能力。

二、计划目标

（一）引导青年学子对自然有礼、对社会有礼、对历史有礼、对未来有礼；

（二）提升青年学子的成人意识、有礼意识、感恩意识、社会责任意识；

（三）培养具备身心健康、爱与关怀和尚德弘毅的匠心型人才。

三、办理单位

1.主办单位：团委、学生会

2.协办单位：二级学院、社团联合会及各类社团

四、时间安排

11~12月

五、服务对象

全体大一新生

六、内容及执行方式

（一）礼誓——成人宣誓。组织全体大学新生面对国旗，庄严宣誓，在"十八而志"的成人宣誓中提升成人意识、有礼意识、感恩意识、社会责任意识。

（二）礼教——励志演讲。邀请优秀师生代表做主题演讲，帮助青年学生在励志分享中受教育、长才干，培养诚信有礼、宽宏坚毅、身心健康及爱与关怀等素养。

（三）礼乐——舞台表演。组织迎新生文艺汇演，在精彩纷呈的舞台表演中展现青年学生健康向上、诚信有礼和尚德弘毅的精神风貌。

根据《衢州职业技术学院大学生素质拓展计划学分认定》评分细则，对活动组织者、参与者给予相应学分。

七、设施

音箱、灯光、舞台、LED屏等。

八、预期效益

引导青年学子对自然有礼、对社会有礼、对历史有礼、对未来有礼，提升十八岁青年学生的成人意识、有礼意识、感恩意识、社会责任意识，培养具备身心健康、爱与关怀和尚德弘毅的匠心型人才。

附件2

励志演讲《追梦》

青春，是梦想的年代。因为有梦想，青春的年华才格外灿烂。

从小我便有一个军人梦。2004年通过考核我成了一名解放军战士。但要成为一名合格的军人是要经过严格的训练。从凌晨四点整理内务开始，训练长达17个小时，每天几十公里的长跑，每次45分钟的军姿站立、各种的动作定位。更可怕的是，在我们动作定位时班长会在我们脚底放盆冷水，在寒风凛冽的冬天你要么坚持，要么掉水里。因为这些"魔鬼"般的训练让我不止一次地想要放弃，当一名逃兵。但正是梦想，鼓舞我克服一切困难，成为一名合格的空军女士官。

青春的梦，在我脑中延续。当时只有中专学历的我深知自己学识水平不足，于是我有了第二个梦：考研充实自己。为了这个梦，我用了3年时间通过护理大专和本科的自学考试；为了这个梦，我用了一年时间自学高一至大四所有英语课程，背诵了15年的考研试题；为了这个梦，我有每日、每周、每月、每年目标，为了实现这些目标，我每天至少学习8个小时，都在凌晨2~3点才睡觉。29岁那年我以第二名的成绩考入浙江中医药大学，成了一名护理硕士研究生。有同学说因为你是"学霸"啊，但我并不认同，我只是一个执着而努力的"学渣"而已。只要你愿意，你也一定可以。请相信付出终有回报，也许会迟到，但永远不会缺席。

　　同学们，梦想是什么？梦想是那种坚持了就让你感觉幸福的东西。追梦的过程是艰辛的，但梦想成真的时候，你会成为世界上最幸福的人。青春的梦想，会引导你不虚度每一天的时光；只要你脚踏实地，把每一件事情做到极致和卓越，你就一定会实现梦想！

励志演讲《磨练》

　　青春在汗水里闪光，青春在磨练中升华。

　　我的青春磨练从我加入社团的那一刻就开始了。

　　社团是我踏入大学起，就一心向往的组织。2016年，我报名参加了学校健美操社。于是，我和一群志同道合的伙伴，一起交流学习、追逐梦想、绽放友谊。

　　但在健美操社，除了欢笑，经受更多的是磨练。开始训练后，我才明白，那些在舞台、赛场上挥洒自如的舞蹈，那些如鲜花一样绽放的优美动作，却是台下训练场上无数次枯燥乏味凝聚而成的。我没有舞蹈功底，更没有健美操基础，要想达到专业水平，要想取得优异的成绩，只能用汗水来积淀，用努力来拼搏，用意志来磨练。多少个周末，多少个假期，当其他同学开开心心地逛街、看风景、品尝美食的时候，我却在练功房练体能、排动作、练基本功。即使在寒冷的冬天，我也练得浑身汗水湿透。肌肉酸疼了，相互间按摩一下，放松肌肉的时候，也常常疼出一身冷汗；小小的动作，我需要十遍，百遍，千遍的练，因为除了努力，没有别的捷径，我只能磨练自己。

青春的磨练是痛苦的，但磨练的收获是幸福的。苦涩的汗水，换来的是甘甜的收获。在全国大学生健美操锦标赛中，衢州职业技术学院代表队力压群雄，终于获得了喜人的成绩。

在社团中的磨练，让我懂得了珍惜队友的努力，理解了团结的可贵，教练的苦心，学习到了团队精神的巨大作用。让我在收获成绩的同时，收获自信，收获良好的体能，收获一门新的特长，收获一份不随时光老去的情意。未来还在远方，青春的磨练，很苦，也很甜，我无怨无悔。我坚信，这段人生的经历，会让我终身受益。

衢职，在这个美丽的地方，洋溢着我的欢笑，充斥着我的梦想。每一段青春都是限量版，不能预支，不能重来。独一无二，无比绚烂。有磨练的青春，是人生的幸事，更是人生难忘且幸福的修行！

励志演讲《成长》

青春在成长中阵痛，青春因成长而壮丽辉煌。

成长的道路是坎坷的。24年前，我参加高考时，我的梦想是成为一名出色的机械工程师。但是由于家庭原因，父亲病重，我最终选择了离家最近的衢州广播电视大学。当时电大只有一栋四层高的教学楼，学校周围全是农田。后来才知道电大主要是针对成人函授教育的，我的心情一落千丈！为此，我痛苦，我彷徨，我犹豫。我问自己：余富忠，你的梦想还能实现吗？是病重的父亲给了我力量，是满手老茧的母亲给了我信心：坚持下去！给三年后的自己一个交代！

成长的道路绝不允许虚度光阴。在老师的谆谆教导和热情帮助下，我努力学习，各门功课成绩优秀。大二大三期间，我利用课余时间自学电视机维修等课程，到市汽车技术学校代课，解决生活费用，积累工作经验。

成长的道路又是迂回曲折的。1996年，我以全优的成绩毕业，却没有一家对口的企业愿意接收我。是衢州市汽车技术学校接纳了我，因为我在实习期间认真工作留下了良好印象。我始终以"感恩"的心态对待每一个师生，每一项工作。

成长的道路之所以能迈向成功，重要的是目标和方向的选择。为了更好地承担教学工作，暑假里我主动要求到衢州市轿车修理厂工作，认真学习，时常体悟。每天晚上我都要查阅资料，分析师傅维修方案的合理性，并且运用于教学实践。2003年，我被原浙江工业大学浙西分校聘请为汽车运用技术专业教师，从此站上了大学的讲台！

成长的道路，需要前人的扶持和帮助。我是努力的，也是幸运的，在我人生的每一个转折点上，都有前辈老师伸出有力的大手，扶我一把，让我自始至终走在迈向成长的道路上。

成长的道路上充满收获和喜悦。多年来，我维修过许多汽车，解决过许多难题，多次在省市汽车维修技能大赛中取得佳绩。更令我自豪的是，我创立了"余富忠专家工作室"，衢州市有一半的汽修工是经过我培训的学生。

亲爱的同学们，我的成长经历告诉我这么一个道理：也许生活为你关上了一扇门，但同时也给你打开了一扇窗！只要你不忘初心，微笑前行，你的用心一定会被看见！

祝愿大家伴随着汗水和希望坚韧成长！

励志演讲《回报》

青春因收获而幸福，青春因回报社会而富有意义！

　　6年前的今天，我也曾站在这里，面对国旗，庄严宣誓。那一刻起，我就在内心深处埋下了一颗关于爱的种子。6年后的今天，我又站在成人礼的舞台上，向母校的老师和同学们汇报我回报社会的点滴，我感到非常光荣。

　　2014年，我有幸加入了万少华团队，成为志愿服务社会的大潮里一滴小小的水珠。

　　2014年8月1日，我第一次参加志愿服务。刚一进屋，就传来一阵浓浓的腐臭味。在一个黑乎乎的角落里，有个瘦小干巴的老奶奶，蜷缩在一张竹椅子上。我们小心翼翼地为老人取下纱布，当最后一层纱布被揭下时，我震惊了！老人的腿大部分是煤黑色，小腿上烂出了巴掌大的一块伤，伤口上的皮已经烂没了，新长出的肉和溃烂的肉模糊在一起，看得到腥红的斑点！伤口的边沿，黄白色的脓液已经凝结成块！

　　回到家，我难受的吃不下饭，还发起了高烧，反反复复持续了近一周。同事们都说我这个小孩，是被可怕的烂脚病吓到了。万医生也说，他再也不敢带我下乡去给烂脚病人治疗了。

　　之后的一段时间，我的脑海里总是会浮现出万医生给老人治疗的情景，我开始认真了解、学习相关的历史背景和关于烂脚病的知识。我知道：当年那些泯灭人性的日本侵略者，发动了细菌战，害死了衢州很多的老百姓，也让这些善良无辜的老人，承受了伴随他们一辈子身体和心理的双重痛苦。他们的烂脚，就是侵华日军残害我们中国人民的罪证！

我的心，再一次被震撼了！

我这个从没有遇到过什么坎坷、刚刚参加工作的"90"后，第一次开始认真思考：作为一名年轻人，我应该为这些老人做些什么？我能为这些老人做些什么？社会培育了我，我该怎样回报这个社会？我想，我必须以行动来证明自己！为了能帮助到那些无辜的老人，我必须坚持下去，我一定要坚持下去！

就这样，我一次又一次地跟随团队，踏上了为烂脚病人疗伤的征程。让我感到高兴的是，我们的努力没有白费，不少老人在我们的细心照顾下，减轻了病痛，得到了温暖，病情也渐渐好转起来。在回报社会的过程中，我不仅实现了自己的价值，也收获了许多用言语无法表达的美好祝愿。

若不是亲身经历，我也许永远无法感受到这种苦难与美好的强烈反差。那些与不幸命运默默抗争了一辈子的老人，他们的经历注定在历史教科书上写下沉重的一页！而我们年轻的一代就是要把那苦难一页翻过去，续写中国梦的崭新篇章！

最后，我想用青春成人礼的开场誓词结束我的分享。

今天，我已长大成人，永远做祖国忠诚的儿女。

因为有我，人民将更加幸福！

因为有我，家园将更加美好！

因为有我，祖国将更加富强！

天地为鉴，国旗为证！

十八而至，青春万岁！

公益有礼：橙色同伴课堂

一、活动设计理念

2013年5月4日，习近平在同各界优秀青年代表座谈时的讲话中提到：广大青年要倡导社会文明新风，带头学雷锋，积极参加志愿服务，主动承担社会责任，热诚关爱他人，多做扶贫济困、扶弱助残的实事好事，以实际行动促进社会进步。[①] 同时，十九大报告中指出：必须多谋民生之利、多解民生之忧，在发展中补齐民生短板、促进社会公平正义，在幼有所育、学有所教、劳有所得、病有所医、老有所养、住有所居、弱有所扶上不断取得新进展。[②] 在十九大报告中，首次增加了"幼有所育""弱有所扶"两个"有所"，进一步丰富了保障和改善民生的内涵，更精准、更全面地补齐了民生"短板"。

衢州以打造"一座最有礼的城市"为导向，确立"南孔圣地、衢州有礼"的城市品牌，通过礼促文明，铸就城市品牌之魂，通过志愿服务谋民生之利、解民生之忧，在弱有所扶上不断取得新进展。

---

① 《中国青年报》（2013年5月5日第1版）

② 决胜全面建成小康社会 夺取新时代中国特色社会主义伟大胜利——在中国共产党第十九次全国代表大会上的报告 [M]. 北京：人民出版社，2017:23.

衢州职业技术学院以聋哑青少年为帮扶对象，紧紧围绕"南孔圣地、衢州有礼"的城市品牌，通过开展"橙色同伴课堂"志愿服务活动，践行学校培养身心健康、爱与关怀和尚德弘毅的匠心型人才的教育目标，诠释"奉献、友爱、互助、进步"的公益之礼。"橙色同伴课堂"主要有以下三方面特点：

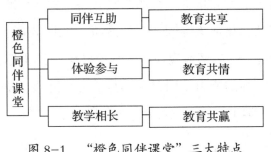

图 8-1 "橙色同伴课堂"三大特点

（一）"同伴互助"促进"教育共享"。同伴教育指的是人们尤其是青少年通常愿意听取或采纳年龄相仿、知识背景、兴趣爱好相近的同伴、朋友的意见和建议。本项目采用"同伴教育"的方式，引导大学生志愿者与聋哑青少年开展同伴互助，利用青少年的正向趋众倾向，促进教育资源的共享。

（二）"体验参与"达到"教育共情"。本项目采用 PLA 参与式学习与行动，以"平等、开放、群体参与、互动式"为原则设计课程环节，注重课堂体验和情感共鸣，帮助学生在寓教于乐的氛围中掌握相关技能，提升教育效果。

（三）"教学相长"实现"教育共赢"。一方面，引导大学生在志愿服务中培养身心健康、爱与关怀和尚德弘毅的核心能力；另一方面，帮助聋哑青少年掌握必要的健康生活技能，提高其适应环境、管理自我、学习成才、人际交往、求职择业等各方面的能力。

二、活动方案、工作计划

橙色象征着温暖、阳光和快乐。同伴教育指的是人们尤其是青少年通常愿意听取年龄相仿、知识背景、兴趣爱好相近的同伴、朋友的意见和建议。衢州职业技术学院"橙色同伴课堂"以聋哑青少年为帮扶对象,通过手语助教培训、社团结对共建、大学校园体验、青春健康教育、提前社会化训练等同伴互助活动,帮助聋哑青少年掌握必要的健康生活技能,提高其适应环境、管理自我、学习成才、人际交往、求职择业等各方面的能力,同时培养具备身心健康、爱与关怀和尚德弘毅的新时代大学生。活动主要分五个阶段:

图 8-2 "橙色同伴课堂"结构图

(一)手语助教培训。面向全校大学生招募、选拔手语志愿者,开展手语培训。

(二)社团结对共建。开展两校社团结对共建,聘请大学生担任特殊教育学校社团助教,丰富聋哑青少年的第二课堂,帮助其悦纳自我。

(三)大学校园体验。邀请聋哑青少年参观、体验大学生活,帮助其树立人生目标,坚定理想信念,以积极阳光的心态实现人生价值。

(四)青春健康教育。通过 PLA 参与式互动,帮助聋哑青少年在游戏中掌握适应环境、管理自我、学习成才、人际交往、求职择业等各方面的能力。

（五）提前社会化训练。通过社会实践活动，帮助聋哑青少年在实践中认知、悦纳、融入社会，适应社会的需要。

活动方案详见附件《"橙色同伴课堂"活动方案》。

三、活动成果

（一）受众人数逐年增加

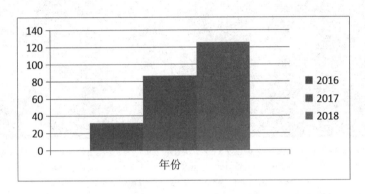

图 8-3 2016-2018 年受众人数对比图

"橙色同伴课堂"开展以来， 2016年帮扶聋哑青少年人数32人，2017年87人，2018年126人，呈逐年递增趋势，受众面和覆盖面不断提升。

（二）媒体报道

图 8-4 2016 年 6 月 2 日《中国人口报》：来一场"走心"的青春对话

图片 首页　>> 大图鸦　>> 瞬间记录　>> 正文

让爱发声！高校开展"橙色同伴课堂"助力特殊教育 (1/12)　　　我要评论　　查看图片列表

自2015年衢州职业技术学院与衢州市特殊教育学校开展结对以来，衢职院定期邀请特殊教育学校的手语老师为大学生们上手语课。手语课堂开办3年来，成功培训并选拔出100余名优秀学员。参加"手语课堂"培训的姚蒋远同学说："一直以来，我对手语就非常感兴趣。掌握常用的手语，在平等、尊重的基础上和聋哑人沟通交流，是我们全体学员最大的心愿！"中国青年网通讯员 徐天 供图

中国青年网衢州5月18日电（通讯员 徐天 周芸 郑卫珍）在全国第28个助残日来临之际，衢州职业技术学院"橙色同伴课堂"的大学生志愿者姚蒋远收到了一则好消息，他所结对的衢州市特殊教育学校（原衢州市聋哑学校）学生徐盼及其他7名同学顺利通过了2018年残疾人高等教育招生考试，被浙江特殊教育职业学院录取。

图 8-5　2018 年 5 月 18 日《中国青年网》：让爱发声！
高校开展"橙色同伴课堂"助力特殊教育

"橙色同伴课堂"开展3年来，分别被《中国人口报》《中国共青团网》《中国青年网》《浙江新闻》《衢州晚报》等媒体报道30余次，形成了良好的社会影响力。

（三）所获荣誉

"橙色同伴课堂"开展3年来，衢州职业技术学院获得全国计划生育协会企事业先进单位、中国青年志愿服务项目大赛银奖、浙江省志愿服务项目大赛银奖、浙江省"红十字奉献服务奖"、衢州市文明创建

志愿服务工作先进单位、衢州市"志愿者服务加油站"、衢州市"十佳万少华式的志愿团队"等多项荣誉。

四、活动照片

"橙色同伴课堂"活动照片集锦

手语助教培训——心语无声 指跃飞扬 社团结对共建——健美操课

大学校园体验——手绘 T 恤 青春健康教育——走出心灵孤岛

五、师生反应的心得

（一）学生心得

衢州市特殊教育学校徐同学说：

"橙色同伴课堂"让我变得更加自信。忘不了第一次参观大学校园时的场景，在衢州职业技术学院，我尝试了攀岩、地掷球，还学会了急救技能，谢谢衢职院的哥哥姐姐们对我的鼓励。今年，在大家的关心下，我考上了浙江特殊教育职业学院，未来，一定会更精彩！

衢州职业技术学院姚同学说：

赠人玫瑰，手有余香。在"橙色同伴课堂"，我们成了无话不谈的知心朋友，大家在尊重、平等的基础上彼此鼓励，共同面对成长中的困惑和挑战。"橙色同伴课堂"让我更深刻地体会到感恩与奉献，同时也帮助我学会换位思考，更加珍惜健康和当下。

（二）教师心得

衢州职业技术学院徐老师说：

自"橙色同伴课堂"成立以来，两校学子在"尊重、平等"的基础上"互助、共赢"。大学生志愿者在志愿服务中收获了成长、喜悦与感动；"无声天使"们也在丰富的同伴活动中悦纳自我、融入社会，以积极阳光的心态追逐梦想。从"他助"到"自助"再到"互助"，3万余小时的奉献陪伴、1千多个日夜的相守相爱、126名"无声天使"的成长蜕变，让橙色点亮了温暖之城！愿"橙色同伴课堂"帮助更多的青年学子实现人生梦想！

浙江省计划生育协会江老师说：

近年来，衢州职业技术学院在计生协的项目资助下，积极推动青春健康项目，开展面向聋哑青少年群体的"同伴教育"，提高聋哑青少年适应环境、管理自我、学习成才、人际交往、交友恋爱、求职择业等各方面的能力。翻阅相关资料，针对聋哑青少年群体开展系统的同伴教育，在浙江省尚属首例，具有良好的实践推广意义。

六、推广经验分享

（一）"同伴互助"促进"教育共享"。同伴教育指的是人们尤其是青少年通常愿意听取或采纳年龄相仿、知识背景、兴趣爱好相近的同伴、朋友的意见和建议。本项目采用"同伴教育"的方式，通过开展手语助教培训、社团结对共建、大学校园体验、青春健康教育等同伴互助活动，发挥青少年同伴朋辈间的趋众倾向，促进教育资源的互通共享。

（二）"体验参与"达到"教育共情"。本项目采用 PLA 参与式学习与行动，以"平等、开放、群体参与、互动式"为原则设计课程环节。如在青春健康教育环节中，根据聋哑青少年的需求特点，设计了"破冰游戏""走出心灵孤岛""我的理想型""野火游戏"等一系列体验式互动，帮助聋哑青少年在寓教于乐的氛围中循序渐进地掌握教育内容，在互动体验中实现"共鸣共情"的效果。

（三）"教学相长"实现"教育共赢"。本项目教学相长，无论是承担志愿服务的大学生志愿者还是接受帮扶的聋哑青少年，均在活动课程中实现了能力素养的提升。一方面，该项目引导大学生在志愿服务中培养身心健康、爱与关怀和尚德弘毅的核心能力；另一方面，帮助聋哑青少年掌握必要的健康生活技能，提高其适应环境、管理自我、学习成才、人际交往、求职择业等各方面的能力。

（四）提升弱势群体"自我造血"能力是未来社会救助的主要方向。在对弱势群体的帮扶上，需要促进弱势群体的社会参与，挖掘其发展潜力，由"他助"转换成"自助"，由"被动输血"转换成"自我造血"，使弱势群体依靠自己的力量解决问题，最终融入社会发展之中。需要促进由传统的物质救助转向生活照料、精神慰藉、心理疏导、能力提升和社会融入相结合，实现社会救助方式的多样化、组合化、专业化和个性化，最大程度发挥社会救助的综合效用。这是今后社会救助事业发展的必然选择和主要方向。

附件 1

"橙色同伴课堂"活动方案

一、活动宗旨

弘扬"奉献、友爱、互助、进步"的志愿服务精神，践行我校培养具备身心健康、爱与关怀和尚德弘毅的匠心型人才的教育目标，推动对聋哑人群体的"精准关爱"。

二、计划目标

（一）帮助聋哑青少年掌握必要的健康生活技能，提高其适应环境、管理自我、学习成才、人际交往、求职择业等各方面的能力；

（二）培养具备身心健康、爱与关怀和尚德弘毅的新时代大学生。

三、办理单位

1.主办单位：衢州职业技术学院

3.共建单位：衢州市特殊教育学校

2.合作单位：衢报传媒集团周到工作室、共青团、计生协、残联、疾控中心等部门

四、时间安排

全年

五、服务对象

聋哑青少年

六、内容及执行方式

以聋哑青少年为帮扶对象，开展手语助教培训、社团结对共建、大学校园体验、青春健康教育、提前社会化训练等同伴互助活动。主要分五个阶段：

（一）手语助教培训。面向全校大学生招募、选拔手语志愿者，开展手语培训。

（二）社团结对共建。开展两校社团结对共建，聘请大学生社团达人担任特殊教育学校社团助教，丰富聋哑青少年的第二课堂，帮助其悦纳自我。

（三）大学校园体验。邀请聋哑青少年参观、体验大学生活，帮助其树立人生目标，坚定理想信念，以积极阳光的心态实现人生价值。

（四）青春健康教育。通过 PLA 参与式互动，帮助聋哑青少年在游戏中掌握适应环境、管理自我、学习成才、人际交往、求职择业等各方面的能力。

（五）提前社会化训练。通过社会实践活动，帮助聋哑青少年在实践中认知、悦纳、融入社会，适应社会的需要。

根据《衢州职业技术学院大学生素质拓展计划学分认定》评分细则，对活动组织者、参与者给予相应学分。

七、设施

团体辅导室、教学道具、社团宣传品等。

八、预期效益

引导两校学子在"尊重、平等"的基础上"互助、共赢"。一方面，帮助聋哑青少年掌握必要的健康生活技能，提高其适应环境、管理自我、学习成才、人际交往、求职择业等各方面的能力；另一方面，培养具备身心健康、爱与关怀和尚德弘毅的新时代大学生。

附件 2

"橙色同伴课堂"纪实

2019年1月3日，衢州市特殊教育学校要表彰一批优秀的助教，衢州职业技术学院"橙色同伴课堂"的志愿者们名列其中。

刚刚离去的2018年，对橙色课堂而言，是丰收的一年。

橙色，是温暖的颜色。2015年，在衢报传媒集团周到工作室等部门的帮助下，衢州职业技术学院和衢州市特殊教育学校合作，共建了"橙色同伴课堂"。3年来，"橙色同伴课堂"共结对帮扶聋哑青少年126人，参与志愿者600余人次，志愿服务时长达3万余小时，分别被中国青年网等多家媒体报道。

在橙色的故事里，越来越多的"无声天使"走出校园、融入社会。2018年，由两校学子共同拍摄的《中国很赞 衢州有礼》公益宣传片登上了腾讯网站首页，点击量达百万。衢职院还获得全国计划生育协会企事业先进单位、浙江省志愿服务项目大赛银奖、浙江省"红十字奉献服务奖"等多项荣誉。2018年12月，橙色课堂获得了第四届中国青年志愿服务项目大赛的银奖。

一、同伴的力量，为梦想插上翅膀

衢职院学生汪一凝，忘不了3年前第一次走进衢州市特殊教育学校见到雯雯（化名）的场景：她远远地望着我，清澈的眼眸里闪烁着点点星光。四目相对后，她腼腆地低下头，紧张得不知所措。无声的世界究竟会对他们造成怎样的影响？作为新时代的大学生，我们又能够为他们做些什么？那一瞬间，我的内心被触动了。

衢职院学生曾对浙西地区500名聋哑青少年开展过问卷调查，结果显示，超过9成的聋哑青少年在适应环境、管理自我、人际交往、学习成才、求职择业等方面存在困惑和迷茫。如何帮助"无声天使"悦纳自我、融入社会、健康成长，正是当今社会亟需解决的民生问题。

2015年，衢州职业技术学院和衢州市特殊教育学校共建了橙色课堂。运用"同伴教育"的方式，通过手语助教培训、社团结对共建、大学校园体验、青春健康教育、提前社会化训练等同伴互助活动，帮助聋哑青少年掌握必要的健康生活技能，积极面对成长中的困惑和挑战。

在接受了系统的手语和同伴教育培训后，汪一凝成为一名橙色志愿者。之后的每周五下午，空竹、武术、陶艺等衢职院里的社团，都会与衢州市特殊教育学校的兴趣班结对共建，精彩纷呈的课程，丰富了学生们的第二课堂，也为两校学生架起了友谊的桥梁。

汪一凝和志愿者们还精心编排了一套适合聋哑孩子参与的青春健康教育方案。在轻松愉悦的氛围中，大家共同体验了"破冰游戏""走出心灵孤岛""我的理想型"等参与式互动，帮助聋哑学生在游戏中掌握人生技能。

志愿活动中的记忆是橙色的，就像雯雯的笑容一样，温暖而甘醇！浙江省计生协的工作人员看到活动新闻后，告诉汪一凝，他们在聋哑人群体中开展系统的同伴教育和人生技能的培训，在浙江省尚属首例！

汪一凝和雯雯成了无话不谈的好朋友，她们分享着彼此的小秘密，共同探讨成长中的困惑和挑战。

雯雯告诉汪一凝，在"无声天使"心中，也有"大学梦"。为此，衢职院的志愿者们策划了"大学体验日"活动，"无声天使"们走进大学校园，在志愿者的陪伴下，参观专业实训基地，零距离感受大学生活，还与来自大学生攀岩队、地掷球队的全国冠军同场竞技。精彩的大学体验，让他们耳目一新，也让他们对未来更加期许！

2018年，共有8名结对帮扶的聋哑学子圆了大学梦。汪一凝结对的雯雯也考上了浙江特殊教育职业学院，她说："橙色同伴课堂，让我离梦想更近了！"

二、同伴的力量，让前行的路不再孤单

2018年12月，在第四届中国青年志愿服务项目大赛上，衢州市特殊教育学校的郑苏惠说："我从小就有个梦想，能像杨丽萍一样舞蹈。在橙色课堂，这些大哥哥、大姐姐让我更自信了，也实现了梦想。"

郑苏惠是江山人，小学三年级之前一直在老家上学。由于失聪，她一直不敢开口说话，怕同学笑话她，性格内向、怕生。郑苏惠转入衢州市特殊教育学校后，老师们经常陪她说话，但训练也是有限的。3年前，橙色课堂的大学生们走进了她的生活，这让她有更多的机会与健全人交流、沟通，也让她"说话"的能力飞速进步。现在，她看着口型，与健全人交流完全没问题。

交流多了，郑苏惠的性格变得开朗，现在的她，成了学校晚会活动的主力军，主持、演说样样都行。2018年暑假，15岁的郑苏惠考进了省残疾人艺术团，跟着专业的老师学习舞蹈。

今年上高三的蓝雨欣也在橙色课堂上交了好朋友。衢职院的林爱双在3年前和她结对，她们常结伴出游，一起观赏衢城美景。林爱双向蓝雨欣学手语，蓝雨欣则从林爱双的身上学到了积极乐观的人生态度。

以前65公斤的蓝雨欣在林爱双的鼓励下开始减肥，每天坚持绕着学校操场跑10圈，林爱双经常在微信里给她打气。3个月后，蓝雨欣减掉了15公斤。现在的蓝雨欣，充满了自信。

现在，虽然林爱双回老家温州就业了，平时工作很忙，蓝雨欣也将要参加高考，学习紧张，但她们还是经常联系，互相打气，共同前行。

三、同伴的力量，让彼此变得更优秀

吕蒋武，衢职院大三学生，从加入橙色课堂起，一直坚持给衢州市特殊教育学校的学生们上武术课，累计志愿服务300多个小时。

周五中午11点，吕蒋武就会和同学一起坐公交车，从衢城西区赶去位于南区的衢州市特殊教育学校上课，一上就是2个多小时。这样的授课，也让吕蒋武得以迅速成长。给衢州市特殊教育学校的学生们上课要付出更多的耐心和智力，他因此获得了宝贵的教学经验。

郑王锋虽然只是衢职院大一的学生，参加橙色课堂时间不长，却是衢州市特殊教育学校最受欢迎的"老师"之一，他开设的电子商务课程班是学校社团课程中学生最多的，有20多名学员。

郑王锋上初中时就开始做淘宝，高中时，还做过微商。他组建的团队，做得好的时候，一个月有5万元的收入。上大学后，郑王锋没有选择创业，而是加入橙色课堂做志愿者。"这样的机会对于我来说是难得的，在给他们上课时，我可以将自己学过的知识再梳理一遍，获得教学的经验，对以后的就业非常有帮助。"郑王锋说。

衢州市特殊教育学校的高三学生周佳俊想报考电子商务专业，经常会在周末给"老师"郑王锋发去求教微信。郑王锋总是用手机拍下操作步骤传给他，这样，周佳俊就能一目了然。经过一个学期的学习，周佳俊已熟练掌握各种办公软件的运用，学校各种比赛的PPT也经常由他制作完成。

"橙色同伴课堂"的学生一批接一批换，但这个课堂会继续开设，橙色的力量会继续传递……

课堂有礼：以礼促知、情、意、行

一、活动设计理念

（一）理念

2012年11月，中共十八大报告明确提出"倡导富强、民主、文明、和谐；倡导自由、平等、公正、法治；倡导爱国、敬业、诚信、友善；积极培育社会主义核心价值观"。2017年10月，习近平总书记在党的十九大报告中明确指出："要以培养担当民族复兴大任的时代新人为着眼点，强化教育引导、实践养成、制度保障，发挥社会主义核心价值观对国民教育、精神文明创建、精神文化产品创作生产传播的引领作用，把社会主义核心价值观融入社会发展各方面，转化为人们的情感认同和行为习惯。"[①] 这一重要论断赋予社会主义核心价值观新的内涵。

社会主义核心价值观是社会主义核心价值体系的内核，二十四个字，十二个词，确立了国家、社会、个人三个层面的价值目标，传承和发展了"仁义礼智信"的深刻含义，赋予了中国自古以来礼文化在新时代的新内涵。中华民族自古以来就是礼仪之邦，讲文明懂礼貌是

[①] 决胜全面建成小康社会 夺取新时代中国特色社会主义伟大胜利——在中国共产党第十九次全国代表大会上的报告 [M]. 北京：人民出版社，2017:42.

我们的传统美德。孔子云"不学礼，无以立"。荀子也强调"人无礼则不生，事无礼则不成，国无礼则不宁"。礼是中国文化的核心，代表着中国最深远的文脉，礼文化的传播契合了当代国人呼唤文化回归的诉求，激发了中华民族集体找寻文化精髓的热忱。在世界深度交流、加剧融合的今天，中国礼文化的现代转化让我们传承经典，又中西互鉴，以充分的自信，实现中华民族的伟大复兴。

孔子是中华文化的象征符号，是中华民族颇具代表性的文化符号之一，儒家文化是中华优秀文化的重要组成部分，而以南孔儒家文化为核心的传统文化是衢州的"根"和"魂"。为把习近平总书记重要指示精神深深镌刻在三衢大地上。衢州提出了以打造"一座最有礼的城市"为导向，确立"南孔圣地、衢州有礼"的城市品牌，引领和推动高质量发展的目标。这一城市品牌体现了对衢州历史文化的传承与创新，展现了衢州面向未来的开放与自信，是立足新的历史方位向时代和人民交出的满意答卷。

而南孔文化倡导的崇学尚礼、知行合一的思想与衢州职业技术学院的校训"尚德弘毅、知行合一"高度契合，衢州职业技术学院围绕衢州"南孔圣地、衢州有礼"城市品牌建设，确立"书香四溢、衢职有礼"的校园文化品牌，把推进"南孔圣地、衢州有礼"与学校"立德树人"的教育目标有机结合，将其融入学校的传统文化教育和德育实践。

追本溯源，礼仪其实是对礼节、仪式的统称，是用约定俗成的程序、方式来表现律己、敬人，从而建立和谐关系为目标的道德行为准则和规范。礼仪与道德两者的关系互为补充，相得益彰。我们通常认为一个人在成为一个讲道德的人之前，他首先得是一个懂礼、知礼之人。的确如此，英国哲学家约翰·洛克就强调"美德是精神上的一种宝藏，但是使他们生出光彩的则是良好的礼仪"，拥有优秀的礼仪是个人良好道德品质形成的基础和先决条件。礼仪训练是培养个人良好道德素质的必要活动，因为个体的道德认识，道德意识和道德涵养正是体现于个人日常生活中的言行举止之间。

因此，为了培养具备身心健康、爱与关怀和尚德弘毅的匠心型人才，在学校推广一定的礼仪是必要且需要的。而课堂教学是学校教学活动中重要一环，也是学校德育的重要一环。实施课堂礼仪活动，是"书香四溢、衢职有礼"校园文化品牌的落脚点，课堂礼仪在一定意义上会反映出学生的整体素质和整个学校的文化氛围，推广课堂礼仪将有助于培养具备诚信有礼、宽宏坚毅素养的匠心型人才，有助于提升学校自身及师生个人的形象。

（二）具体目标

2018年9月，学校开始施行衢职有礼之"课堂有礼"活动，活动旨在传承中国传统美德和传统文化，践行社会主义核心价值观，聚焦地方城市品牌建设，营造"衢职有礼"校园文化，提升学生礼仪修养，对应学校培养具备尚德弘毅的匠心型人才的目标。衢职有礼之"课堂有礼"活动旨在将礼仪教育和课堂教学有机融合，确立一定的课堂礼仪规范，灵活运用教学活动形式，指导师生的一言一行，形成从小处着手，从细节抓起的礼仪训练模式。每次课前先让学生进行课堂礼仪自查，比如衣着是否符合规定，手机是否按规定放置，是否准备好上课用的书本；在课中检查学生是否遵守课堂纪律，不随意讲话，认真听讲等；下课后是否向老师和同学告别，随手带走垃圾等等，建立起一套系统且科学的课堂礼仪规范体系，让学生有礼可循，有礼可依，让学生得到健康的、和谐的、全面的发展，提高学生道德素质，提高思想道德修养，为国家、为社会培养大批合格的社会主义建设人才。

（三）本项活动主要特色

在课堂上对礼仪的学习和运用过程，是一个接受道德熏陶和教育、培养良好道德行为习惯和道德自律精神的过程，课堂礼仪训练具有知、情、意、行四个特点。架构图详见图1。

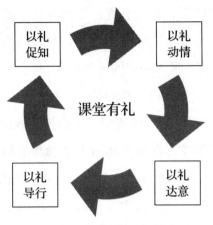

图 9-1　课堂有礼架构图

1. 以礼促知。"以礼促知"主要体现在如下方面：首先是学生在课堂礼仪训练中亲自体会礼仪文化，促成礼仪知识的内化，为礼仪修养的形成打下坚实的基础。其次，课堂礼仪将会大大提升学生在课堂教学过程中学习文化知识的能力。课堂礼仪的遵守，有益于帮助学生集中注意力，提高学生学习效率。该活动旨在利用各个课程的特点和优势，将礼仪教育贯穿课程全过程，做到与课程知识有机结合，避免顾此失彼，真正将德育融入课堂。

2. 以礼动情。"以礼动情"旨在倡导通过课堂礼仪实践，激发学生正向的道德情感，从而推动学生自觉养成一定的课堂礼仪。学生在课堂礼仪中获得的正向的道德内心体验念会成为推动个人道德行为的内在动力。这就要求教师在课堂上设置恰当的礼仪情境，让学生真正融入课堂情境，主动参与，体验和感悟，思考。由此产生的情感认同，为礼仪的实践活动奠定基础。

3. 以礼达意。"以礼达意"是在"以礼动情"的基础上，促成学生形成一定的道德意志。所谓道德意志是指个体在道德情境中，自觉地调节行为，克服内外困难，实现道德目的的心理过程。而道德意志的形成是一种长期的潜移默化的过程，这就要求教师在带领学生实践课堂礼仪时，要持之以恒，有始有终，才能真正培养学生对良好道德的认同感，帮助他们形成坚定的道德意志，变被动为主动，自己要求自己，自觉地遵循礼仪，形成一定的道德自律。

4. 以礼导行。"以礼导行"指的是用良好礼仪引导个人的道德行为。所谓"知情意行"，其中行最为关键。正所谓实践出真知，只有真正得到了实践的礼仪知识才是促成个体道德情操养成的关键，因此这就要求教师要通过课堂礼仪教育实践，监督学生在课堂活动中的言行举止，适当指出不符合课堂礼仪的行为，帮助学生形成正确的道德认识，养成正向的道德情感，铸就坚定的道德意志，自觉践行良好的道德行为。

二、活动方案、工作计划

本项活动根据学校已在进行的课堂礼仪以及需要加强礼仪的方面，根据实际情况，在全校推行"课堂有礼"方案的活动。主要做法分三个阶段：

活动宣传及调研学校现有的课堂礼仪规范的阶段。在全校范围开展关于礼仪和课堂礼仪重要性和必要性的讨论，认识课堂礼仪在人才培养和校园文化中的价值，使全校师生形成统一的思想认识。在此基础上，在全校范围内，针对从进课堂、课堂中和下课后三个阶段中涉及的一系列的礼仪和仪态规范方面，对师生进行问卷调查，了解学校现有的课堂礼仪的优点和不足。

制定课堂礼仪的内容和规范并录制课堂礼仪示范视频阶段。针对学校实际情况，制定课堂礼仪的内容和规范，针对学生群体，每次上课前先让学生进行课堂礼仪自查，比如衣着是否符合规定，手机是否按规定放置，是否带了上课用的书本；在课堂中检查学生是否遵守课堂纪律，不随便讲话，认真听讲等；下课后是否礼貌地向老师和同学告别等。然后据此录制课堂礼仪示范视频，在学校网站和校园媒体上反复播放，让课堂礼仪活动广为人知。课堂礼仪只有在全校范围内形成氛围，实施的范围会越来越广，效果会越来越好。

开展教师课堂礼仪引领活动阶段。教师是学生成长的引路人，正所谓为人师表，教师应该做学生学习课堂礼仪过程中的榜样。而只有拥有良好礼仪修养的教师，才能真正地在学生心中成为礼仪规范的榜样，才能调动学生学习礼仪的积极性。孔子曾说："其身正不令而行；其身不正，虽令不从"，老师的一言一行和学生的行为表现息息相关，因此教师要严格要求自身，注重自己的日常礼仪行为示范。每堂课前，铃声响起后，老师应首先主动向学生们问好，引领学生进行上课问好、下课问好等礼仪活动；课堂活动中，每位老师要以身作则，自觉遵守课堂礼仪，例如上课前自觉将手机调成静音，注意自己的仪态等等，进而影响和感化学生；一堂课结束后，由老师主动向学生告别，学生向老师回礼等等礼仪规范；每一位老师的亲身示范将会真正感怀，引领班级学生，真正地把这些上课礼仪内化于心，外化于形。活动方案详见附件1《关于开展"课堂有礼"活动的方案》

三、活动成果

"课堂有礼"活动自2018年9月启动以来，教务处不定期进行一定的课堂礼仪督察活动，然后对具体情况进行总结统计，及时反馈给各个院系。9月10日抽检经管学院6位老师，社科部3位老师，基础部6位老师以及医学院3位老师，共计18位老师，其中8位老师很好地引领课堂礼仪活动，比例为44.5‰；9月18日抽检基础部7位老师，医学院7位老师，信工学院1位老师以及经管学院2位老师；9月26日抽检17位老师，13位老师很好地引领课堂礼仪活动，比例为76.5‰；9月26日抽检经管学院7位老师，机电学院3位老师，基础部5位老师，医学院5位老师，社科部2位老师，一共抽检24位老师，共有20位老师很好地引领课堂礼仪活动，比例为83.3‰；10月8日抽检经管学院6位老师，机电学院1位老师，基础部7位老师，医学院1位老师，社科部1位老师，一共抽检18位老师，17位老师很好地引领课堂礼仪活动，比例为94.4‰。

9 月 10 日 1~2 节上课礼仪情况

教室	班级	问好否	开课部门
阶东 1-3	18 连锁 2	有	经管
阶西 2-2	16 会计 1234	否	经管
阶西 2-4	17 英语	否	经管
阶西 2-5	18 会计 3	有	经管
阶西 3-2	17 会计 1	有	经管
阶西 1-2	17 营销 12	否	经管
阶西 2-1	18 计算机 34	否	社科部
阶东 2-5	18 会计 12	否	社科部
阶东 3-1	18 英语 12	有	社科部
阶西 1-4	18 机制 2	否	基础部
阶西 3-1	17 会计 5	有	基础部
512 教室	18 连锁 1	有	基础部
514 教室	18 电气 1	有	基础部
612 教室	18 助产 1	有	基础部
616 教室	18 汽销 2	否	基础部
阶东 2-2	18 助产 2	有	医学院
阶东 1-4	17 护理 78	否	医学院
阶西 1-3	18 护理 78	否	医学院

9 月 18 日 1~2 节上课礼仪情况

教室	班级	问好否	开课部门
阶东 1-3	18 应电 1	有	基础部
阶西 1-4	18 应电 2	有	基础部
阶东 2-2	18 计算机 1	否	基础部
阶东 3-2	18 计算机 2	有	基础部
514 教室	18 会计 1	有	基础部
516 教室	18 会计 2	有	基础部
614 教室	18 会计 3	有	基础部
616 教室	18 护理 2	有	医学院
阶西 2-4	18 护理 3	有	医学院
阶西 2-5	18 护理 3	否	医学院
阶东 2-3	18 护理 4	有	医学院
阶西 3-1	18 助产 1	有	医学院
阶东 2-4	18 助产 2	否	医学院
阶东 3-1	17 护理 1	有	医学院
阶西 3-4	17 供电 1	否	信工学院
阶西 1-2	16 金融	有	经济管理学院
512 教室	17 会计 2	有	经济管理学院

9 月 26 日 1~2 节上课礼仪情况

教室	班级	问好否	开课部门
阶东 1-3	18 连锁 12	有	经管学院
阶东 1-5	18 会计 2	有	经管学院
阶西 1-2	17 会计 45	有	经管学院

阶西 2-2	17 机制 12	否	经管学院
阶西 2-5	18 会计 4	有	经管学院
阶西 2-4	18 英语 2	有	经管学院
阶西 3-2	16 会计 1234	有	经管学院
阶西 1-3	18 汽车营销 12	有	机电工程学院
阶西 1-5	18 机电 12	有	机电工程学院
阶西 2-3	17 数控 12	否	机电工程学院
阶西 3-1	17 会计 2	有	公共基础部
主楼 512	18 营销 1	有	公共基础部
主楼 614	18 数控 3	有	公共基础部
主楼 616	18 汽检 1	有	公共基础部
阶西 1-4	18 机制 1	否	公共基础部
阶东 2-1	17 中药 12	有	医学院
阶东 2-3	17 助产 2	有	医学院
阶东 3-1	18 护理 2	有	医学院
阶东 3-2	17 助产 3	有	医学院
阶东 1-4	18 助产 12	否	医学院

10 月 8 日 1~2 节上课礼仪情况

教室	班级	问好否	开课部门
阶东 1-3	17 会计 1	有	基础部
阶东 1-4	17 会计 1	有	基础部
阶东 2-3	18 计算机 1	有	基础部
阶东 2-5	18 计算机 2	有	基础部
阶东 3-1	18 应电 1	有	基础部
主 614	18 机电 1	有	基础部

主 616	18 汽销 1	有	基础部
阶东 2-2	16 连锁 2	有	经管学院
阶西 1-2	17 营销 12	有	经管学院
阶西 1-3	17 连锁 12	有	经管学院
阶西 3-2	16 连锁 1	有	经管学院
阶东 1-5	16 英语 2	有	经管学院
主 512	16 金融	有	经管学院
阶西 2-5	18 护理 4	有	医学院
阶西 3-3	17 护理 12	否	医学院
阶东 2-1	17 中药 12	有	医学院
阶东 2-4	18 数控 23	有	社科部
阶西 1-5	18 汽车检测 12	否	机电学院

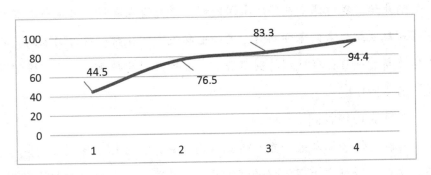

图 9-2　2018 年 9~10 月上课问好情况统计

　　从上述图标数据显示，目前的课堂礼仪活动的推广逐渐有了成效，该活动还将继续推行，希望通过落实我们的课堂常规教育，规范课堂中师生的言行举止，学生在实践中形成道德认识，提高道德责任感，培养道德情感，主动地接受既有的伦理规范，将之内化为个人的道德需要，进而外化为行为准则，让学生真正地成长为践行社会主义核心价值观，同时具备身心健康、爱与关怀和尚德弘毅的匠心型人才。

四、活动照片

上课铃响后，老师和学生们互相问好　　下课铃响后，学生们起立向老师说再见

五、师生反应的心得

（一）学生心得

机电学院18级方同学想对"课堂有礼"说：

刚开始，我对课堂礼仪的上课问好还感觉有点麻烦，可是当发现大家齐刷刷地站起来向老师问好，老师也向我们回礼时，作为刚来到衢职大家庭新的一员，我感到特别温暖，有一种特别的归属感，给"课堂有礼"点赞！！！

医学院17级林同学这样说：

其实我们学院本来一直有着穿戴白大褂，护士帽等等的上课礼仪，而现在全学校推广上课问好的课堂礼仪，感觉自己起到了榜样的作用，自豪感油然而生，我希望这个活动持续推行下去！

经管学院18级王同学说：

"课堂有礼"活动很赞，我觉得这样的活动拉近了我们和老师的距离，感受到了衢职院的温暖和关怀，真棒！

（二）教师心得

衢州职业技术学院医学院刘老师说：

古人常言"人而无礼，焉以为德""德成于中，礼形于外"，要让礼仪之花在校园里美丽地绽放，那么先要让我们的课堂散发出礼仪的芬芳，而"课堂有礼"活动正是这一朵美丽的花朵。

六、推广经验分享

（一）"衢州有礼""课堂有礼"

课堂有礼活动与中国传统礼文化一脉相承，与富强、民主、文明、和谐，自由、平等、公正、法治，爱国、敬业、诚信、友善的社会主义核心价值观，与打造"一座最有礼的城市"为导向，确立"南孔圣地、衢州有礼"的衢州城市品牌和"书香四溢、衢职有礼"的校园文化品牌及培养具备诚信有礼、宽宏坚毅素养的匠心型人才目标高度契合。而课堂有礼活动将会为衢州职业技术学院的校园文化品牌注入新的内涵，活动"以礼促智，以礼动情，以礼达意和以礼导行"的四大主旨将帮助提升学校自身及师生个人的形象，积极学习南孔文化倡导的崇学尚礼、知行合一的思想，响应党和国家培养积极践行"社会主义核心价值观"的社会主义人才。

（二）"深入调研""制定规范""定期督查""及时反馈"

首先在全校范围开展关于礼仪和课堂礼仪重要性和必要性的讨论，认识课堂礼仪在人才培养和校园文化中的价值，全校师生形成统一的思想认识。在此基础上，在全校范围内，针对师生进行问卷调查，了解学校现有的课堂礼仪的优点和不足。针对学校实际情况，制定课堂礼仪的内容和规范，录制课堂礼仪示范视频，在学校网站和校园媒体上反复播放，让课堂礼仪活动广为人知，自2018年9月活动开展以来，就不定期进行一定的课堂礼仪督察活动，然后对实际情况进行总结统计，制成表格，逐一反馈给各个院系的任课老师，真正在全校形成一定的学习课堂礼仪的氛围。

（三）课堂礼仪内容不够充实丰富，课堂礼仪习惯和自觉性形成尚需时间

日后可能需要在课堂礼仪中加入各个专业特色教育的相关内容。尽管医学院目前已有穿戴白大褂、佩戴白帽子的礼仪，但是其他院系和专业的礼仪特色还有待发掘和补充，又或者是企业文化的元素，仿照企业早课和提升气氛方法会不会更具有高职特色，这是一个值得尝试的方向。另一方面，师生礼仪意识自觉性是一个长期性的工程，要推广课堂礼仪，光靠督察不行，要让师生主动地去进行课堂礼仪活动，养成长期的习惯，真正地内化于心，外化于行。

附件 1

关于开展"课堂有礼"活动的方案

课堂教学是学校教学活动中重要一环，也是学校德育的重要一环。实施课堂礼仪活动，是"书香四溢、衢职有礼"校园文化品牌的落脚点，课堂礼仪在一定程度上会反映出学生的整体素质和学校的整体文化氛围，推广课堂礼仪将有助于培养具备诚信有礼、宽宏坚毅素养的匠心型人才，有助于提升学校自身及师生个人的形象。

一、活动宗旨

契合于衢州"南孔圣地、衢州有礼"城市品牌建设以及衢州职业技术学院"书香四溢、衢职有礼"的校园文化品牌，践行培养具备诚信有礼、宽宏坚毅素养的匠心型人才目标。

二、活动主题

衢职有礼　课堂有礼

三、办理单位

主办单位：教务处

承办单位：各二级学院

四、时间、地点

自2018年9月起（全校课堂）

五、参加对象

全体师生

六、活动内容

1.活动宣传及调研学校现有的课堂礼仪规范阶段。在全校范围开展关于礼仪和课堂礼仪重要性和必要性的讨论，认识课堂礼仪在人才培养和校园文化中的价值，全校师生形成统一的思想认识。在此基础上，在全校范围内，针对师生进行一定的问卷调查，了解学校现有的课堂礼仪的优点和不足。

2.制定课堂礼仪的内容和规范并录制课堂礼仪示范视频阶段。针对学校实际情况，制定课堂礼仪的内容和规范，每次课前先让学生进行课堂礼仪自查，比如衣着是否符合规定，手机是否按规定放置，是否准备好上课用的书本；在课中检查学生是否遵守课堂纪律，不随意讲话，认真听讲等；下课后是否向老师和同学告别等。然后据此录制课堂礼仪示范视频，在学校网站和校园媒体上反复播放，让课堂礼仪活动广为人知。课堂礼仪只有在全校范围内形成氛围，实施的范围会越来越广，效果会越来越好。

3.开展教师课堂礼仪引领活动阶段。教师是学生成长的引路人。只有拥有良好礼仪修养的教师，才能调动学生学习礼仪的积极性，成为学生心中礼仪规范的楷模。老师的一言一行和学生的行为表现息息相关，因此教师要严格要求自身，注重自己的日常礼仪行为示范。每一位老师的亲身示范将会真正感怀，引领班级学生，真正地把这些上课礼仪内化于心，外化于形。

七、预期效益

一是让学生懂得与教师、同学相互交往和行为准则和礼仪规范，懂得尊重自己、尊重他人的意义。二是通过活动，让学生感受到在学校和班级大集体的爱与关怀，才能有效地拉近师生、同学之间的距离。

附件2

课堂礼仪规范

一、课前礼仪

（一）学生篇

1.仪容仪表整洁；衣着庄重得体，不着奇装异服，不浓妆艳抹，不穿拖鞋、背心、短裤和帽子进课堂。

2.上课前，学生应提前进入教室端坐，准备好本节课所需要的学习用品等候老师上课。

3.上课铃响，老师说"上课"，班长喊"起立"，全班同学起立并一起喊"老师好"，老师回应"同学们好"。

4.迟到同学应在教室门前先喊"报告"，经老师批准后方能回到座位。

（二）教师篇

1.仪容仪表整洁；衣着庄重得体，不着奇装异服，不浓妆艳抹。

2.坚持预备铃响后1分钟内到位。

3.进教室前，教师应整理好上课用品，并检查整理好自己的仪表。

4.请关闭通讯工具，或将通讯工具设置成无声状态后放置在办公室的安全位置；请不要在课上接听电话。

二、课中礼仪

（一）学生篇

1.专心听讲，不翻阅与课本无关的书、报、杂志；不说闲话，发言先举手示意，不在座位上七嘴八舌。

2.发言时，学生仪态要端正，表情大方，吐字清晰，让同学和老师都能听清。

3.上课期间不接听电话或收发短信，不玩游戏，不吃东西，不吸烟或其他妨碍教学的事。

4.有特殊情况需要离开教室，应先举手，向老师说明原因，经老师同意后从教室后门走出。

（二）教师篇

1.在教学过程中，老师在提问时，应使用礼貌用语，如："某同学，请你来回答"。在学生回答完毕后，说"请坐"，都能使学生感受到尊重。伴随"请起""请坐"可以有手势，即用右手手心向上来表示，切忌用手指点学生。

2.在课堂上，教师应时常保持笑容，增强亲和力，快速拉近与学生的关系，从而提升课堂的教学效果。

3.教学语言音量适中，语调柔和，避免粗砺尖刻的讲话；速度适度、口齿清晰，抑扬顿挫。

4.讲课时，教师的目光要柔和、亲切、有神；老师应大部分时间站着讲课，既是对学生的重视，更有利于用身体与学生交流。

5.教师要认真设计好每节课的板书，重视板书的礼仪规范。

二、课后礼仪

（一）学生篇

1.下课铃响，老师说"下课"，班长喊"起立"，全班同学起立并一起喊"老师再见"，老师回应"同学们再见"。

2.整理桌椅，带走随身垃圾。

3.按时完成老师布置的任务。

（二）教师篇

1.下课铃响后，教师应结束讲课，待全体学生起立站好后，师生互道"再见"。如果有本校或校外人员听课，教师应示意学生请听课人员先行。

2.下课后，任课教师积极接待学生咨询，对课堂中具有不良现象的学生要有针对性的提醒。

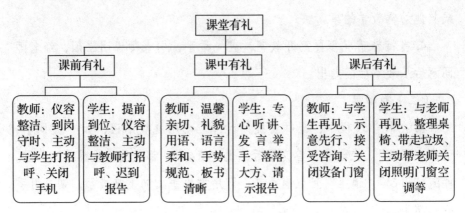

图 9-3 课堂礼仪框架图

境教有礼：打造有礼校园

一、活动设计理念

中国素来享有"礼仪之邦"的美名，"礼"，早已成为中华文明的本质内涵与标志。古人讲"夷夏之别"，其实也就是文明和野蛮之别，最终标准就是看是否"知礼"，人而无礼、禽兽也。实际上，"礼"既是反映道德观念和风俗习惯的仪式、礼节，也是符合社会整体利益的行为准则。国家之典制、社会交往之规范皆是礼，所谓"礼仪三百、威仪三千"（《礼记》）说的就是这样。

党的十九大指出，坚定文化自信，推动社会主义的文化繁荣兴盛。中国特色社会主义文化，源自中华民族五千多年文明历史所孕育的中华优秀传统文化，熔铸于党领导人民在革命、建设、改革中创造的革命文化和社会主义先进文化，植根于中国特色社会主义的伟大实践。发展中国特色社会主义文化，推动社会主义精神文明和物质文明协调发展，不断铸就中华文化新辉煌。习总书记在十九大报告中倡议，"中国共产党从成立之日起，既是中国先进文化的积极引领者和践行者，又是中华优秀传统文化的忠实传承者和弘扬者。当代中国共产党人和中国人民应该而且一定能够担负起新的文化使命，在实践创造中进行文化创造，在历史进步中实现文化进步！"①

以习近平新时代中国特色社会主义思想为指导，深入贯彻党的十九大精神，全面落实中央和省市委的决策部署，"让南孔文化重重落地"。现代社会人们的交往日益频繁，东西方文化、传统文化与现代文化直接的交流与碰撞已经成为这一时代的发展趋势。世界各地的礼仪习俗不断融合、发展，礼仪的影响力也日渐变得重要。

2018年5月7日，全国文明城市创建誓师大会暨"南孔圣地、衢州有礼"城市品牌打造动员会召开。市委书记徐文光强调，要全力打响"南孔圣地、衢州有礼"城市品牌，举全市之力打造"一座最有礼的城市"。

衢州职业技术学院围绕"南孔圣地、衢州有礼"城市品牌建设，把推进"南孔圣地、衢州有礼"与学校"立德树人"的教育目标有机结合，将其融入学校的特色阵地教育、传统文化教育和德育实践活动，旨在培养讲礼、学礼、知礼、懂礼、用礼、守礼的新时代高素质大学生。

打造 "衢职有礼"，依托衢州地域文化作为强大的背景支撑：

第一，悠久深厚的南孔文化是"衢职有礼"提炼的思想基础。

衢州素称"东南阙里、南孔圣地"，南孔文化对衢州乃至江南地区的地域文化、民风民俗产生深刻长远的影响。

第二，衢州地域文化是促使"衢职有礼"形成的巨大动力。

"衢州有礼"深深植根于衢州地域文化，扑面而来的衢州人民的朴实、大气、豁达、包容、热情、好客，准确表达了衢州的民风性格。"衢州有礼"与孔子故乡"好客山东"遥相呼应，高度概括了孔子嫡裔的南迁过程和儒家文化精髓的一脉相传。"衢职有礼"准确提炼概括出衢州鲜活的形象和深刻的内涵，语言简洁凝练，形象地熏陶着衢职校园文化的形成。

---

① 决胜全面建成小康社会 夺取新时代中国特色社会主义伟大胜利——在中国共产党第十九次全国代表大会上的报告 [M]. 北京：人民出版社，2017:43-44.

第三,"衢州有礼"的核心理念是"衢职有礼"发展的价值追求。

"衢州有礼"的核心理念就是"以人为本",充分体现了关心人、尊重人、理解人的人本思想。教育的根本目的是什么?马克思认为,是使"人以一种全面的方式,也就是说,作为一个完整的人,占有自己的全面的本质。"也就是说,教育的根本所在应该是以人为本,顺应人的禀赋,提升人的潜能,完整而全面地关注人的发展。

本项活动主要特点有六个方面:

(一)衢职有礼环境打造标准的方向化。为了进一步丰富"衢州有礼"礼规内涵,让礼规更加贴近实际、通俗易懂、实用管用,《衢州有礼18条》已向全社会公开,以此作为衢职有礼规范打造的参照点、出发点和落脚点。

(二)衢职有礼环境打造背景的独特化。孔庙、儒学馆、水亭门等载体,儒家作揖礼等形式,衢州每年大型祭孔典礼等活动,为衢职有礼环境的打造提供了深厚、独特的儒学背景。

(三)衢职有礼环境打造细节的具体化。有礼环境布置细致化、具体化,在办公楼电梯内壁空间、教职工办公室墙壁、桌台等处,以照片、标语、制度上墙等形式,渲染有礼文化环境。

(四)衢职有礼环境打造条理的层次化。在打造衢职有礼大环境的进程中,从校园硬件环境、学生行为规范、学生思想素质三层次、三阶段,纵横交错、相互渗透、逐步推进,孕育有礼校园。

(五)衢职有礼环境打造程度的入心化。为了推动学生精神文明素养、思想素质的全面提升,开展内容丰富、形式多样、传统文化与礼仪教育相结合的活动,在学习和传承传统文化的同时丰富校园文化氛围,提升学生的综合素养,让有礼教育"内化于心、外化于行"。

(六)衢职有礼环境打造氛围的"礼制"化。礼制中蕴含着深刻的社会治理思想。以德治国,是孔子仁政思想的核心内容。德治、礼治融合并用，在校园环境范围内来说，就是用道德来引导学生，用礼制来约束学生。礼是社会公认的行为规范，礼并不靠外在的权力来推行，而是从日常教育教学中养成学生的敬畏之感，教化他们遵礼守规。礼制内化于心，放大在社会范围里即为德治，礼制是德治的外化、具体化，体现学生自我约束、敬人律己，即为自治，外化为国家法律强制约束，即为法治。如斑马线前礼让行人，看起来属于礼貌有礼的礼制范畴，但其实深入探究，是道德规范的德治，更是敬人律己的自治，还有如交通法规的法治。衢职有礼，通过"礼制"教育，打造独特的校园文化氛围。

二、活动方案、工作计划

为更有效地把有礼教育融入校园并能真正"入境""入行""入心""入脑"，从打造有礼环境、养成有礼行为、塑造有礼心灵三层次、三阶段，循序渐进、逐步推进、共同作用，将仁者爱人、以德立人的哲学思想、教化思想、道德理念等人文精神融入有礼环境教育。推动架构如图 10-1。

（一）打造有礼环境。通过校园内部环境，如横幅、标语、道旗、宣传栏等的布置，吸烟区、禁烟区的设置，校园显示屏、校园电视、电子牌等，随时随地随处渲染有礼环境，让有礼教育"入境"。

（二）养成有礼行为。通过校园显示屏、校园电视、电子牌、微信微博、QQ 群等宣传阵地，教育和引导学生养成有礼行为，让有礼教育"入行"。

（三）塑造有礼心灵。进一步深化"南孔圣地、衢州有礼"之"礼"中的对未来有礼、对社会有礼、对历史有礼三个层次，在校园内外环境渲染、引导有礼行为养成基础上，通过开展阵地教育活动，让有礼教育"入心、入脑"。

1.永刚路（对社会有礼）：一场尊师有礼感恩教育。"南孔圣地、衢州有礼"之"礼"中的对社会有礼，涉及人与人之间，对他人有礼。"礼"有一种与生俱来的情感特征，即"敬"，包括畏敬、崇敬、虔敬、恭敬、敬仰、敬爱等心理情感，在上古是敬神，孔子以"仁"释"礼"后转化为敬人。永刚路，是我校李永刚老师为救护腹痛晕倒的学生，生前走过人生最后的200米。在永刚路纪念碑前，以第一届浙江省"最美教师"特别奖获得者李永刚老师先进事迹为全校新生开展的感恩教育，渲染敬爱师长、"礼敬"他人的良好风气。

2.职业文化礼堂（对未来有礼）：一堂职业有礼文化教育。"南孔圣地、衢州有礼"之"礼"中的对未来有礼，就是把握未来发展趋势。在工业生产国际化趋势下，我国应用型、技能型、操作型人才极为紧缺，急需一批既有大学专业知识背景又有很强操作能力和技术实用能力的新型复合型人才。通过对职业文化礼堂的参观，清楚准确地对自身今后从事的行业定位，包括工作内容、知识技能、性格要求等有所了解，在大学生涯中努力朝着既定目标磨砺自己，成长为一名合格的高职学生。

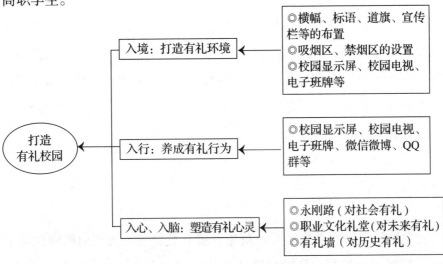

图10-1 打造有礼校园推动架构图

3.有礼墙（对历史有礼）：一次传统文化有礼实践教育。"南孔圣地、衢州有礼"之"礼"中的对历史有礼，就是把优秀传统文化传承好、挖掘好、发扬好。"衢职有礼"，礼从传统来。传统文化进校园、进社团、进头脑，弘扬中华民族优秀传统文化，培育和践行社会主义核心价值观，是深入学习贯彻党的十九大精神的重要表现形式。中国传统文化是中国数千年沉淀下来的精华，学习中国传统文化，以史鉴今，可以提高学生思想深度和广度，培养民族自豪感和增加民族凝聚力。一是学习好传统儒学经典，组织引导学生阅读儒学经典，尤其推广阅读《论语》等经典，吸取儒学精髓，传承儒学文化；二是利用好传统节日契机，通过充分挖掘中国传统节日深厚的文化内涵，结合现代社会的技术手段，丰富传统节日的外化形式，做有礼衢职人；三是传承好传统工艺技能，比如书法、剪纸、猜灯谜、打中国结、抖空竹等体验活动，挖掘、整理、传承好传统工艺和技能是展示有礼衢职人的一个重要亮点，也是体现"衢职有礼"的一个重要支点；四是开设好传统礼仪课堂，礼是德的基础，也是德的规范，通过组织喜闻乐见的形式开设好传统礼仪课堂，加强学生道德建设，形成"衢职有礼"的良好校园氛围，让学生深刻感受艺术熏陶，体味传统文化魅力，促进广大青少年对传统文化的学习、理解和感悟。活动方案详见附件1《关于开展2018年"书香四溢 衢职有礼"系列活动的通知》、附件2《书香四溢衢职有礼校园诗歌游园会方案》、附件3《关于举办"花开四季 书香四溢"摄影大赛活动的通知》。

三、活动成果

学校每年为两千余名大一新生开展有礼教育，为他们梳理职业定位、拓展职业视野，开展感恩教育，了解和学习中国优秀传统文化，汲取文化精髓，感悟传统文化魅力，培养高尚人格情操。有礼校园活动开展以来，参与人数逐年增多，在学生中间的影响力及学生对校园文化的认同感逐步增强，也受到了学校领导、各部门的高度重视，得到《浙江教育报》《衢州日报》等媒体报道。

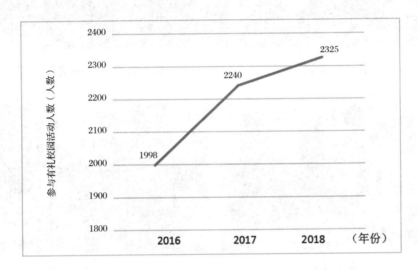

图 10-2 参与有礼校园活动的学生人数逐年增加

四、活动照片

"打造有礼校园"活动照片集锦

学生参观职业文化礼堂

学生抖空竹表演

剪纸体验课

新生聆听李永刚老师事迹

书法体验

汉服展示

五、师生反应的心得

（一）学生心得

18助产2班傅丁葛：

职业文化礼堂帮我们高职生明确了行业定位、职业规范和角色，清晰地指明了今后职业发展趋势和努力方向。

18会计4班楼方晨：

李永刚老师爱生如子的事迹感动了我们，感恩每一位为学生倾心付出的园丁，感恩每一位为学生倾囊相授的引路人，尊重老师的劳动成果、课堂认真听讲、虚心学习，取得良好的学习成绩，这是对老师最大的尊重。

18网络2班舒上林：

体验了剪纸、中国结、猜灯谜等传统文化，体味传统文化魅力，增强了对传统文化的学习、理解和感悟。

（二）教师心得

校党委宣传部孔庆红：

职业教育转型刚刚开始，面临着"再出发"的问题，职业文化礼堂为我们理清了职业教育体系的"顶层设计"，从制度层面转型为在做中学，在做中教，培养知识、技能为一体的现代技能型人才，为职教生打通了从高中到研究生的"上升通道"，架起人人皆可成才的"立交桥"。

校党委宣传部樊美君：

李永刚老师用最朴素的情感，几十年如一日地践行着人民教师的伟大责任，他用生命伫立起了大爱丰碑。他的高尚师德将成为我校的一面光辉旗帜，永远激励并引领着衢职人不断前行！

校团委副书记徐天：

中国传统文化是民族的瑰宝，要传承，要发扬；更需要我们去实践，去体悟。我们将传统文化结合时代精神，融入我们的工作、生活中，以传统文化规范自己的言谈举止，用传统文化宽抚我们的内心，让传统文化促进社会的和谐。

六、推广经验分享

（一）理清职教内涵，对未来有礼

2014年6月，国务院发布《关于加快发展现代职业教育的决定》，出台了职业教育体系的"顶层设计"，推进中等和高等职业教育紧密衔接，发挥中等职业教育在发展现代职业教育中的基础性作用，发挥高等职业教育在优化高等教育结构中的重要作用，加强职业教育与普通教育沟通，为学生多样化选择、多路径成才搭建"立交桥"。大力宣传高素质劳动者和技术技能人才的先进事迹和重要贡献，引导全社会确立尊重劳动、尊重知识、尊重技术、尊重创新的观念，促进形成"崇尚一技之长、不唯学历凭能力"的社会氛围，提高职业教育社会影响力和吸引力。

对未来有礼，把握未来发展趋势，帮助高职生找准行业、职业定位，磨练本领，是当前高职教育发展中值得深思的问题。

（二）深化感恩教育，对社会有礼

李永刚老师的事迹感动了全校师生，也感动了社会，被授予第一届浙江省"最美教师"特别奖。我校用"永刚路"纪念李老师忠于职守、心系学生、爱生如子的大爱精神、高尚师德将成为我校的一面光辉旗帜，永远激励并引领着衢职人不断前行。

通过李永刚老师事迹的宣讲，对学生实施识恩、知恩、感恩、报恩和施恩的人文教育学。会"感恩"，对于现在的孩子来说尤其重要。现在的孩子都是家庭的中心，他们心中只有自己，没有别人。要让他们学会"感恩"，其实就是让他们学会懂得尊重他人。当孩子们感谢他人的善行时，第一反应常常是今后自己也应该这样做，这就给孩子一种行为上的暗示，让他们从小知道爱别人、帮助别人。学会感恩，先要学会知恩，要理解父母的养育之恩，师长的教诲之恩，朋友的帮助之恩。近年来，众多国内学者倡议设立"中华感恩节"，以弘扬传统文化。如学者薛刚倡议将天贶节设为中华感恩节，学者李汉秋则倡议将清明节设为中华感恩节。

对社会有礼，对所有人都有礼，在学生中间渲染和引导知恩、感恩的良好氛围。

（三）传承传统文化，对历史有礼

我国传统文化内容丰富、包罗万象、历史悠久、博大精深、源远流长，其核心即中华传统道德文化。中国传统文化经过五千年的锤炼，成为中华民族兴国安邦、炎黄子孙安身立命的文化根本，成为支撑中华文化的精神脊梁，成为推动中华文化发扬光大、绵延不断、生生不息的力量之源。中华民族是素以崇尚道德著称的礼仪之邦，经过数千年的积淀和发展，已深深融入中华民族的血脉之中，成为中华民族共同的精神记忆和中华文明特有的文化基因，这无疑是民族文化的思想根基，是我们中华民族向前发展的不竭动力。只有传承和发扬这些传统的道德文化精髓，我们的国家和人民才能够真正实现伟大复兴。

中国优秀传统文化的丰富哲学思想、人文精神、教化思想、道德理念等，可以为人们认识和改造世界提供有益启迪，可以为治国理政提供有益启示，也可以为道德建设提供有益启发。

对历史有礼，把优秀传统文化传承好、挖掘好、发扬好。作为南孔圣地的高校，站在新的历史起点上，既要通过弘扬"有礼"文化增强传统文化自信，更要在儒风浸染的氛围下，推动优秀传统文化传承和实践，创造性转化、创新性发展打造出富含独特的"儒"味校园文化。

持续改善的建议：

"衢职有礼"，要从自身做起，从小事做起，从现在做起，带动身边人，带动学校，辐射社会，让"礼"成为全体师生自身潜移默化的行为和气质。有礼贵在细节、贵在行动，活动只为契机，知礼、明礼、用礼才是根本，要从平时做起、从平常做起、从平凡做起，从一点一滴、一言一语、一举一动做起，用礼来规范约束自己的行为，真正做到"诚于中而行于外""言行一致"，把内在的道德品质和外在的礼仪形式有机地统一起来，成为真正名副其实的有较高道德素质的人。

附件 1

关于开展 2018 年"书香四溢　衢职有礼"系列活动的通知

系列活动的通知

各部门（单位）：

为深入学习贯彻党的十九大精神，弘扬中华优秀传统文化，培育和践行社会主义核心价值观，建设"翰墨飘香、格调高雅"的书香校园，经研究，决定在全校范围内开展 "书香四溢　衢职有礼"系列活动。现将有关事项通知如下：

一、活动主题

书香四溢　衢职有礼。

二、活动形式与安排

（一）举办"书香四溢　衢职有礼"系列活动开幕式暨诗词游园会

时间：4 月 25 日 12：00~13：30。

地点：思齐广场有礼墙。

组织单位：宣传部、学工部、团委。

（二）举办"书香四溢　衢职有礼"读书周活动

1.举办"书香四溢　衢职有礼"征文活动

时间：4 月 16~30 日。

组织单位：宣传部、团委。

2.举行诗歌朗诵快闪活动

时间：4 月 24 日。

地点：行政楼北面圆形花坛附近。

组织单位：宣传部。

3.开展"读书有礼"活动

在校园指点区域附近读书，随机赠送小礼品。提前一天公布次日读书区域线索。

时间：4月23~27日。

组织单位：宣传部。

4.举办地方文化讲座

时间：4月27日18：30。

地点：图书馆1号报告厅。

组织单位：宣传部。

5.中华经典诵读竞赛

时间：4月25日14：00。

地点：艺术楼多功能厅。

主办单位：教务处、宣传部、团委。

承办单位：公共基础部语文课程组。

（三）开设微信读书专栏

微信公众号上开设"美文赏析"和"阅驿书评"读书专栏，每周一期，交替进行。

时间：4~12月。

组织单位：宣传部。

（四）开展"一月一书一笔记"活动

根据衢州市全民读书周活动要求，为营造良好读书氛围，让全体教师养成良好的读书学习习惯，在全体教职工中开展"一月一书一笔记"活动。

时间：4~12月。

组织单位：宣传部。

（五）开展公寓经典诵读活动

时间：3~12月。

地点：学生公寓。

组织单位：学工部。

（六）开展暑期读书随笔大赛

本次暑期读书随笔大赛的选读范围是中国经典名著，鼓励师生多读传统文化书籍，提升阅读品质。

时间：6~9月。

组织单位：宣传部。

（七）开展"相约9点　阅读时光"寝室读书活动

时间：10月。

地点：学生公寓。

组织单位：学工部。

三、活动要求

（一）各单位、各部门要把本次活动作为本年度学校一项经常性活动来抓，弘扬优秀传统文化，进一步增强师生文化认同感。

（二）宣传部门要及时做好活动的宣传引导工作，营造全民阅读氛围，以优秀传统文化为引领，共同打造生动活泼、丰富多彩、积极向上的校园文化。

（三）各活动组织单位要根据计划切实做好相关活动方案的策划和设计，认真抓好活动的组织落实工作，同时要把活动的开展情况及时通报党委宣传部，切实有效地推进"书香四溢　衢职有礼"系列活动的深入开展。

中共衢州职业技术学院委员会

2018年4月23日

附件2

书香四溢衢职有礼校园诗歌游园会方案

一、活动主题

书香四溢　衢职有礼。

二、活动主办

宣传部　学工部。

三、活动承办

大学生自我发展中心、校新闻中心。

四、活动时间

4月25日12：00~13：30。

五、活动地点

思齐广场。

六、活动方案

游园会由猜灯谜、我爱记诗词、成语对对碰三大部分组成，共六个项目。

猜灯谜

猜灯谜是一项妙趣横生的游艺活动。灯谜起源于西汉的隐语，后发展成为民间谜语，又叫"打灯谜"。南宋周密在《武林旧事》中云："以绢灯剪写诗词，时寓讥笑，及画人物，藏头隐语，及旧京讴语，戏弄行人。"这"藏头隐语"，即是谜语。元宵佳节，帝城不夜，春宵赏灯之会，百姓杂陈，诗谜书于灯，映于烛，列于通衢，任人猜度，所以称为灯谜。

规则：取下灯谜后猜出谜底则视为完成，能猜出三个灯谜的即可获得一枚印章。

☆　取下灯谜后仅可在灯谜区完成猜谜，离开灯谜区则视为弃权，所取下灯谜则作废。

☆　取下灯谜若不能猜出谜底请贴回到灯笼上，若猜出谜底可到工作人员处验证

我爱记诗词

诗文化深刻、生动地体现着中国文化的基本精神。诗文学是语言艺术，是民族的精神与心灵史，也是文化的主要形态之一。古代诗文化，四言为主、重章叠句的《诗经》显示出中国抒情为主的民族文学特色，

从它开始，中国诗歌走上了一条抒情言志的道路，抒情诗也成为我国诗歌的主要形式。

过目成诵

单人挑战在30秒内记住题卡上的诗词，并能完整背诵的则视为完成，即可获得一枚印章。每位挑战者若首次挑战失败可更换题卡再次开始挑战，每人有两次机会。

望眼欲穿

识别诗句，九宫格和十二宫格的每个空格内各有一个文字，其中隐藏着一句诗，在30秒内找出这句诗则视为完成，完成九宫格和十二宫格各一题即可获得一枚印章。每位挑战者若首次挑战失败可更换题卡再次开始挑战，每人有两次机会。

觅迹寻踪

诗词补空，题卡上一首完整的诗词已经随机抽去其中的某一句，挑战者需在30秒内正确的填空并能诵读整首诗词的则视为完成，即可获得一枚印章。每位挑战者若首次挑战失败可更换题卡再次开始挑战，每人有两次机会。

成语对对碰

成语又是体现我国文字、文化、文明的一个缩影，是中国传统文化的一大特色，有固定的结构形式和固定的说法，表示一定的意义，在语句中是作为一个整体来应用的，承担主语、宾语、定语等成分。成语有很大一部分是从古代相承沿用下来的，在用词方面往往不同于现代汉语，它代表了一个故事或者典故。

成语接龙

2人一组自由组合，猜拳决定答题先后顺序，以抽到的题卡为首词进行接龙，以"顺接一条龙"的形式现场比赛：下一个成语的字头接上一个成语的字尾。例如：安居乐业→业精于勤，能够接到最后的一人获胜即可获得一枚印章。每位挑战者若首次挑战失败可更换题卡再次开始挑战，每人仅有两次机会。

☆若本组2人在首词后都未挑战成功则不能获得印章

☆若本组2人在首词后接出超过六个成语的则两人都可获得一枚印章

你比我猜

自由组合，2人一组，一人负责猜词其余一人负责比划，比划的人可以用语言和肢体动作来提示描述，不许说出词卡中包含的任何字，旁人不可进行提示，否则该词条作废。在2分钟内猜出三个成语及以上则视为完成，即可获得一枚印章。

☆若两人在2分钟内猜出6个及以上成语，则两人都可获得两枚印章

集齐两枚印章　精美定制书签一套

集齐四枚印章　定制笔记本

集齐七枚印章　定制古风扇子

附件3

关于举办"花开四季　书香四溢"摄影大赛活动的通知

为了进一步推动校园文化建设，丰富全体师生业余生活，展现花满校园的美丽风景及浓厚的阅读氛围，我校特举办"花开四季　书香四溢"摄影大赛活动。此次活动由校党委宣传部、校工会和校团委联合主办，校工会教职工摄影协会承办。具体事宜通知如下：

一、大赛主题

本次摄影大赛主题为"花开四季　书香四溢"，用影像表达花香与书香渗透校园的一面。通过校园的自然风景与人文景色相结合的摄影图片，多角度展现校园之美，展现阅读的人文之美。

二、参赛细则

（一）参赛对象：全校师生。

（二）参赛作品要求：

1.作品要求必须是在校园内拍摄的各类花卉或阅书场景的单张或组图（组图要求2~4张照片），彩色、黑白均可。摄影要客观真实，思想积极向上，内容健康，格调高雅，突出思想性、艺术性、时代性。

2.作品须为作者本人原创，严禁转载、抄袭、套改，不接受经电脑特技合成制作的照片。每位参赛者需提交摄影作品的电子源文件（文件名统一按"作者班级（教职工部门）+作者姓名+《作品名称》"形式命名），另外，把作品名称、拍摄的时间、地点和作品介绍用word文档写清楚，与摄影作品一起提交。

3.拍摄工具不限（可采用各类相机或者手机）。

（三）参赛作品提交时间：即日起至4月6日。

（四）参赛作品提交方式：将单张2M及以上的JPEG格式的摄影作品及相关作品介绍的word文档以附件方式发送至邮箱423311120@qq.com。联系老师：艺术设计学院王志煊。

希望全体师生能够积极参与，将校园最美的画面记录下来。在提交作品中我们会评选出一二三等奖并予以奖励，获奖作品在校园橱窗中进行展示。

党委宣传部　校工会　校团委

2018年3月20日

身教有礼：我心目中的最美老师评选

一、活动设计理念

礼仪是人们在社会交往中普遍遵循的文明行为准则和规范的总和，是一个人道德素养、文化水平和交际能力的外在表现，也是一个国家社会文明程度、道德风尚的反映。"礼"在儒家的道德教育中占有关键作用，在儒家典籍的十三经中，关于礼仪教育和礼仪精神实质的就有《周礼》《仪礼》《礼记》三部。儒家认为，个人品德的养成，最终要依靠"礼"来践行。礼之于人的品德来说，是不可或缺的。通过礼的链接，个人内在的道德情感和外在的表达才能构成整体的统一性。由此可见，礼仪既有内在的道德准则，又有外在的行为尺度，对人们的言行举止和社会交往具有规范作用。2001年，中共中央颁布的《公民道德建设实施纲要》提出要在全社会大力倡导"爱国守法、明礼诚信、团结友善、勤俭自强、敬业奉献"的基本道德规范，其中"明礼诚信"就是要求全体公民讲文明、讲礼仪、讲诚信、守规矩，这是学做文明人的起点。党的十九大报告中提出"深入实施公民道德建设工程，推进社会公德、职业道德、家庭美德、个人品德建设，激励人们向上向善、孝老爱亲，忠于祖国、忠于人民。"①衢州作为"南孔圣地"，一直站在中华民族道德的前沿，是精神文明的倡导者和传承者。2018年，衢州正式发布了衢州市民20条有礼公约，引导全市公民崇礼尊礼守礼。

随着我国社会经济的飞速发展，交流的日益频繁，作为当代大学生，注重礼仪，对于其打造和谐的人际关系具有重要的作用。讲文明，守礼仪，也是衡量一个学校师生道德修养、文化涵养和文明素质的重要标准。衢州职业技术学院身处"东南阙里"，在这有着1800多年历史的国家历史文化名城里，我校的目标是培养具备身心健康、爱与关怀和尚德弘毅的匠心型人才。为进一步增强师生情感，从2010年开始，学校就制定了以联系服务学生为主要内容的"3221"联系制度，明确要求每位校领导开展"三联系"，即联系1个二级学院、1个班、1个寝室；每位部门中层干部进行"两联系"，即联系1个社团、1个寝室；每位二级学院领导进行"两联系"，即联系1个班级、1个寝室；每位教师进行"一联系"，即联系1个学生寝室。着力发挥领导干部和教师在联系服务学生、助推学生成长成才中的作用。

在此背景下，衢州职业技术学院开展了"我心目中的最美老师"评选活动。其活动特色为：

（一）树立和表彰一批热爱事业、关爱学生、受学生尊敬和爱戴的先进典型。言传身教，用身边优秀老师的先进事迹教育人、感化人。活动评选出的老师中，既有在岗位上默默奉献、率先垂范的耕耘者，也有追求卓越、奋力翱翔的探索者，更有爱生如子、献出生命的大爱者。而这些老师就在学校，就在学生们的身边。喊破嗓子不如做出样子，身正一例胜过千言。有了这些最美老师的鲜活事例，才会让学生真切感受到爱的力量，才能让学生从内心认同，从而引导青年学生自

---

① 决胜全面建成小康社会 夺取新时代中国特色社会主义伟大胜利——在中国共产党第十九次全国代表大会上的报告 [M]. 北京：人民出版社，2017:43.

修其身，知书达礼。

（二）通过举办隆重的颁奖典礼，用现场氛围烘托先进事迹，强化学生仪式感教育，增强认同感和感染力。"我心目中的最美老师"是学生心中的最美，每位评选上的老师都是学生一票一票、一轮一轮投选出来的。得票越高说明学生的认同感越强。所以学校通过举办隆重的颁奖典礼，让学生共同见证他们所认同的老师被其他学生、被学校认同乃至被社会认同。同时，在颁奖典礼上，请学生做主角，为他们喜爱的老师宣读颁奖词，亲自上台为老师们颁奖，进一步强化活动的仪式感，用现场氛围感染学生。

（三）通过不同层面不同平台的宣传，在潜移默化中引导学生学礼明礼。学校通过网络、展板、宣传橱窗等宣传渠道以及开展主题班会、学习会、讨论会等形式大力宣传老师们的先进事迹，特别是有礼向上的部分，引导学生见贤思齐，学礼明礼。

（四）用老师爱岗敬业的奉献精神强化学生的职业伦理教育，深化职业道德培养。让学生从老师身上学会对职业有礼、对自己有礼、对社会有礼，以一个健康的、积极向上的人生观和世界观来主宰自己，以一种宽大的胸怀来拥抱生活、拥抱社会、珍惜自己。

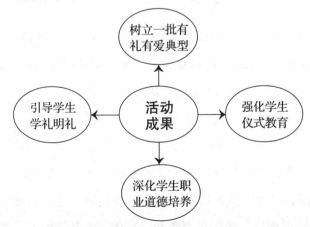

图 11-1 "我心目中的最美老师"评选活动成果内容框架图

二、活动方案

"我心目中的最美老师"评选活动作为我校"衢职有礼"潜在课程的重要内容，是对学生进行身教的典型。学校成立评选工作小组，小组组长由学校党委副书记担任，副组长由纪委书记和宣传部部长担任。对象是在校工作三年及以上的所有在编在岗教师、辅导员及行政后勤管理人员（校领导班子成员除外）。

评选条件为：

1. 为人师表，仪态端庄；诚信有礼，崇学向上；举止文明，言行一致。

2. 热爱教育，爱岗敬业，师德高尚，为人随和，学识深厚，职业素养。

3. 公正廉洁，对待学生公平、公正，一视同仁。

4. 教育有方，能引导学生树立正确的世界观、人生观、价值观。

5. 对学生热情，关心爱护学生，具有感染力和亲和力，深受学生爱戴与信赖。

6. 深入学生，经常与学生沟通、交流，了解学生所求，为学生进步、成长无私奉献。

评选坚持公开、公平、公正的原则。选举人为在校的大一、大二学生。评选活动分五个阶段进行：

第一阶段：初选。由团委根据评选要求制作广告牌进行前期宣传、各二级学院组织学生进行走班宣传。根据评选标准，各二级学院以班级为单位，组织学生投票评选。各班级召开班会，组织全班学生进行无记名推荐，实到人数不得低于班级人数的80%，否则无效；每名学生推荐4名教职工（所在二级学院教职工不得超过2名），多填少填均无效；全班按得票数高低排序，推荐4名教职工参加二级学院评选。

第二阶段：二级学院确定推荐名单。在班级评选的基础上，各二级学院进行资格审查后，根据得票总数高低推荐5名教职工（本二级学院教职工不得超过2名）参加全校评选，如果2名教师得票数相同，则根据各单位教职工近3年年度考核结果，并征求所在部门意见后确定名次。

第三阶段：审核确定候选人。校评选领导小组根据得票总数、得票率及综合情况初步确定10名候选人。

第四阶段：评选。学校通过展板对候选人先进事迹进行一周展示。各二级学院分别组织300名学生代表进行现场投票。投票结果经评选活动领导小组确认、校党委会研究后进行公布，最终确定"我心目中的最美老师"提名奖。

第五阶段：表彰。党委宣传部利用校园网、院报、橱窗、官方微博微信等渠道，对获奖老师的先进事迹进行充分展示和宣传。学校举行隆重的"我心目中的最美老师"颁奖晚会，对获奖老师进行颁奖。

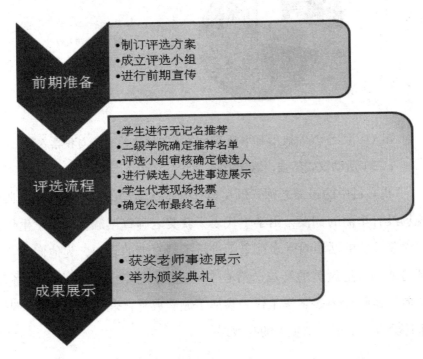

前期准备
- 制订评选方案
- 成立评选小组
- 进行前期宣传

评选流程
- 学生进行无记名推荐
- 二级学院确定推荐名单
- 评选小组审核确定候选人
- 进行候选人先进事迹展示
- 学生代表现场投票
- 确定公布最终名单

成果展示
- 获奖老师事迹展示
- 举办颁奖典礼

图11-2　"我心目中的最美老师"评选活动流程图

具体评选方案详见附件。

三、活动成果

（一）活动参与广，积极性高

"我心目中的最美老师"评选已经进行了两届，共评选出 11 名学生心目中的"最美老师"和 10 名提名奖。活动获得了良好的效果。以第一届为例，两轮评选共发动了 5426 人次参与，占学生总人数的 93.6%。其中第一轮初选阶段收到有效推荐票数 3935 张，占学生总人数的 67.8%；第二轮评选阶段收到有效票数 1491 张，占学生总人数 25.7%。可以说，"我心目中的最美老师"评选活动在学生中的参与度大，影响力广。

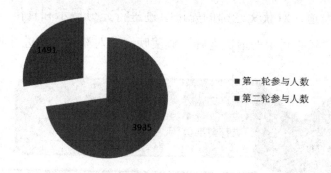

图 11-3 首届"我心目中的最美老师"评选学生参与投票人数

（二）活动仪式感强，感化力深

"我心目中的最美老师"颁奖典礼是本次活动的总结和高潮。典礼现场没有华丽的词藻，由学生代表为获奖老师宣读颁奖词。学生代表用简单朴质的话语对受表彰老师进行了最真情的告白，为他们献上奖杯与证书，把最美的鲜花送给心中最美的园丁，最美的人生引路人。全体教师和 1000 多名学生代表参加了颁奖典礼，现场氛围和老师先进事迹给学生上了一堂生动的身教课。

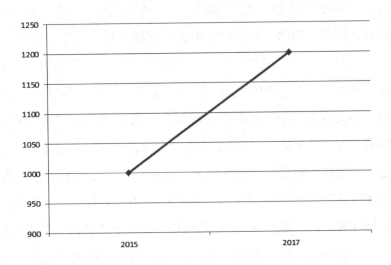

图 11-4　"我心目中的最美老师"颁奖典礼学生观看人数

（三）活动影响力大，持续性强

通过活动的持续开展，我校涌现出了一批感动校园的人物和最美学子。医学院吴秀仙老师在福建为陌生溺水旅客跪地施救一个多小时，挽回溺水旅客生命，被评为浙江省红十字会"奉献服务"先进个人；机电工程学院的周明安老师，2009年被查出患胃癌。术后，周老师除了医院的定时检查和治疗时间外，十年来他天天上班不脱勤，并一直坚持工作在教学一线，专心教好书、耐心育好人，努力奉献搞科研，勇挑重担抓管理。他以顽强的毅力、高度的责任心以及乐观向上的精神影响着身边的同事和学生，被评为浙江省优秀教师；公共体育部的李永刚老师在背学生就医后突然晕倒在地，经全力抢救，最终未能挽回生命，永远离开了我们。李老师用舍己救人的英雄壮举诠释了师德的伟大，诠释了我校"关爱学生、忠诚事业"的教育服务理念，他用大爱谱写了一曲生命的赞歌，被追授为衢州市第三届"最美衢州人"特别荣誉奖、浙江省首届"最美教师"特别奖、浙江教育系统年度影响人物；学生周心怡扶危救急不留姓名，在实习上班途中发现骑在她前面的一位女士突然从自行车上摔下昏倒在地，失去意识。她第一时间跑上前进行现场急救，并拨打120，随同救护车一起护送其到医院进行急救，等到家属到来才悄然离开。她的义举被《衢州日报》等媒体报道，被评为衢州市"最美学子"、浙江省第二届"感动校园人物"；由学生祝黎欣为代表的我校护理专业毕业生参加的"万少华团队"坚持多年去义务诊治因细菌战感染的"烂脚病"老人，把这些承受历史之殇的孤苦老人当作自己的至亲进行照料，让他们在生命后半程里找回了做人的尊严，用大爱抚慰民族伤痛，被评为2015年度"最美浙江人""青春领袖"和"浙江骄傲"年度人物称号，受到中宣部的表彰。祝黎欣本人也被推选为中国共产主义青年团第十八次全国代表大会代表。

我校自2015年开展评选活动以来，学校的"最美老师"们始终不忘初心，继续保持良好的工作状态，发挥榜样力量，全心全意的服务学生、关爱学生。

四、活动照片

首届"我心目中的最美老师"颁奖
典礼上，学生为老师致颁奖辞

首届"我心目中的最美老师"颁奖典
礼上，学生为老师献上鲜花和奖杯

第二届"我心目中的最美老师"颁奖　学生周心怡（右二）荣获2016年浙
典礼，学生为老师颁发证书和奖杯　　江省第二届"感动校园人物

五、师生反应的心得

（一）学生评价

信息工程学院16级周同学说：

老师们用极致的重复，把平凡变成了不平凡。他们的执着和守候，无私和高尚是我学习的榜样。衢职院有他们，我很安心。

医学院15级吴同学说：

老师们谦虚有礼，无私奉献的精神值得我一生学习。

机电工程学院17级李同学说：

本次活动我印象最深刻的是颁奖典礼，身处其中，我十分感动，老师们的高尚是指引我前进的力量。

（二）老师评价

学工部蓝老师说：

经过本次评选活动和颁奖典礼，备受鼓舞，满怀感动，以后一定要向受表彰的老师学习，在自己的学习工作中勇于实践，不断进取，牢记使命，坚定信心，永葆昂扬向上的激情，在实现自己人生价值观的宏伟征途上，挥洒青春汗水，贡献青春力量！

（三）领导评价

校党委委员、宣传部部长孔庆红说：

"我心目中的最美老师"评选和表彰活动进一步推进了我校的有礼教育，用教师们的先进事迹引导学生有礼有爱，学会对社会有礼，对未来有礼。

（四）他人评价

《衢州日报》2018年1月16日报道：

衢职院隆重举行"我心目中的最美老师"颁奖典礼暨新年联欢晚会。晚会现场没有华丽的词藻，学生代表用简单质朴的话语对受表彰老师进行了最真情的告白，为他们献上奖杯与证书，把最美的鲜花送给心中最美的园丁，最美的人生引路人。这批热爱教育事业、关爱学生、受学生尊敬和爱戴的先进典型，用优秀教师"刻苦钻研、敬业奉献、潜心育人"的先进事迹教育人、感化人，为进一步落实立德树人的根本任务，营造了"教书育人、尊师重教"的良好氛围。

六、推广经验分享

（一）树立榜样，以点带面提升学生素养

本活动的特色是坚持把推进"衢州有礼"与学校"立德树人"的教育目标相结合，将"衢州有礼"融入学校德育实践活动之中，引导青年学子见贤思齐，用教师的榜样力量来提升青年学生的礼仪素养和能力。

（二）全面参与，用真实感提升行动力

本活动优点是以"思政育人"为主线，发挥学生的主观能动性和参与度，每位获奖老师都是学生用票数一轮一轮投选出来的，结果真实可靠，没有水分，体现了绝大多数学生的意志，让学生有了参与感和荣誉感，培养了学生的感恩意识和责任意识，增强学生的责任感和使命感。

（三）提升内涵，打通师生交流通道

高校师生之间普遍存在沟通不足的现象。"我心目中的最美老师"评选活动在师生之间增架了一座沟通的桥梁，让学生了解老师的日常工作和背后的付出，让老师了解学生对哪类老师有需求，需要朝哪个方面进行提升，哪个方面需要改进。让师生通过评选活动，相互之间了解更加深刻，相互之间的距离更加接近，互敬互学，互尊互爱。

（四）总结提升，构建长效评选机制

在活动推进的过程中我们发现，学生对本学院的老师了解程度深，对其他学院和其它岗位上的老师了解相对较少，投票的质量还有待提高。在接下来的评选活动中将从四个方面对活动进行提升：

1. 进一步扩大人选范围

增加老师自荐、联系寝室学生推荐、教研室推荐、部门推荐、工会推荐等不同渠道、不同层次的候选人来源，更大程度、更大范围、更深入地挖掘身边的最美老师。

2. 进一步扩展活动的外延

在评选活动中设立师生互动环节，创造更多的机会和平台让师生能面对面交流，以更加贴切学生的方式开展活动。

3. 进一步强化活动仪式感

在颁奖典礼上除了让学生给老师颁奖外，可以邀请其他高校的"最美老师"、与学校各个专业相关行业的"最美人物"参与颁奖典礼，让青年学子得到更为全面、生动的有礼启迪。

4. 进一步增强活动权威性

制订更完善的保障和追责制度，对评选上的"最美老师"增加后续的奖励和惩罚措施。将"我心目中的最美老师"评选活动与教师的年度考核和评优评奖等相结合，对评上"最美老师"的老师在评级评奖评优过程中进行一定条件的倾斜或者加分。评上"最美老师"的老师

如果出现违反师德师风行为或者与评选条件不符的，在取消荣誉的同时还要进行问责。

附件1

"我心目中的最美老师"评选活动方案

一、活动目的

为进一步增强师生情感，深化大爱和有礼教育，营造良好的"教书育人、尊师重教"氛围，经研究，决定在全校范围内开展"我心目中的最美老师"评选活动。通过评选活动，深入挖掘身边的最美老师，增进师生互动，融洽师生关系。树立和表彰一批热爱事业、关爱学生、受学生尊敬和爱戴的先进典型，用我们身边的优秀教师"敬业奉献、潜心育人、有礼有爱"的先进事迹教育人、感化人，引导青年学生谦和有礼，学会爱与奉献，培养具备身心健康、爱与关怀和尚德弘毅的匠心型人才。

二、组织机构

（一）领导小组

组长：陈青。

副组长：章加春、孔庆红。

组员：张锦平、陈海清、江红军、余文富、徐有强、斯彬彬、叶俊、巫少龙、蒋天康、朱峻、王建、徐天。

（二）承办单位

党委宣传部、团委。

三、评选对象

在校工作三年及以上的所有在编在岗教师、辅导员及行政后勤管理人员，校领导班子成员除外。

四、活动时间

5月~12月

五、评选办法

详见《衢州职业技术学院"我心目中的最美教师"评定办法》。

六、评选名额

"我心目中的最美老师"5名，提名奖5名。

七、活动要求

（一）各单位部门要高度重视，积极宣传，广泛发动，精心组织，同时做好投票数据、活动图片的归档整理工作。

（二）各二级学院要加大对本单位本次活动的指导力度，确保活动各个环节公平、公正、公开、有序进行。

八、预期效应

通过评选活动，营造有礼有爱校园氛围，进一步引导教师关心关爱学生，师生关系更加融洽，学生能见贤思齐，学习"最美老师"的优秀品质，树立正确的世界观、人生观、价值观，成长为能够关爱他人，品格高尚的社会主义建设者和接班人。

衢州职业技术学院"我心目中的最美老师"评定办法
（试行）

一、评选条件

1.为人师表，仪态端庄；诚信有礼，崇学向上；举止文明，言行一致。

2.热爱教育，爱岗敬业，师德高尚，为人随和，学识深厚，职业素养。

3.公正廉洁，对待学生公平、公正，一视同仁。

4.教育有方，能引导学生树立正确的世界观、人生观、价值观。

5.对学生热情，关心爱护学生，具有感染力和亲和力，深受学生爱戴与信赖。

6.深入学生，经常与学生沟通、交流，了解学生所求，为学生进步、成长无私奉献。

二、活动流程

本次评选坚持公开、公平、公正的原则。选举人为在校的大一、大二学生。评选活动分五个阶段进行：

（一）第一阶段：初选（5月7~17日）

1.团委根据评选要求制作广告牌进行前期宣传、各二级学院组织学生进行走班宣传。

2.根据评选标准，各二级学院以班级为单位，组织学生投票评选。各班级召开班会，组织全班学生进行无记名推荐，实到人数不得低于班级人数的80%，否则无效；每名学生推荐4名教职工（所在二级学院教职工不得超过2名），多填少填均无效；全班按得票数高低排序，推荐4名教职工参加二级学院评选。同时填写《衢州职业技术学院"我心目中的最美老师"评选班级汇总表》，并将班级汇总表和学生推荐表上交二级学院。

（二）第二阶段：二级学院确定推荐名单（5月18~24日）

在班级评选的基础上，各二级学院进行资格审查后，根据得票总数高低推荐5名教职工（各二级学院教职工不得超过2名）参加全校评选，如果2名教师得票数相同，则根据各单位教职工近3年年度考核结果，并征求所在部门意见后确定名次。同时填写《衢州职业技术学院"我心目中的最美老师"评选二级学院排名表》和《衢州职业技术学院"我心目中的最美老师"评选推荐表》，并于5月18日前将二级学院排名表、推荐表以及学生推荐表和班级汇总表一同交至校团委（地址：学生活动中心2楼，联系电话：8068095）。

（三）第三阶段：审核确定候选人（5月25~31日）

校团委将各推荐名单汇总后，报评选活动领导小组。由领导小组进行审核，根据得票总数、得票率及综合情况初步确定10名候选人。候选人填写《衢州职业技术学院"我心目中的最美老师"评选候选人用表》，于5月23日前将纸质稿报送至校团委（地址：学生活动中心2楼，联系电话：8068095），电子稿及个人近期照片通过OA系统发送至团委。

（四）第四阶段：评选（6月1~30日）

校团委通过展板对候选人先进事迹进行一周展示。各二级学院分别组织300名学生代表（继续教育学院150名）进行现场投票。投票结果经评选活动领导小组确认、校党委会研究后进行公布，最终确定"我心目中的最美老师"提名奖。

（五）第五阶段：表彰（7~12月）

党委宣传部将利用校园网、院报、橱窗、官方微博微信等渠道，对获评老师的先进事迹进行充分展示和宣传。学校将在教职工元旦晚会上对评选出的5名"我心目中的最美老师"和5名提名奖教师进行表彰。

附件2

学生致"最美老师"的颁奖词

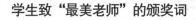

朱晓萍

冰雪林中著此身，不同桃李混芳尘。她如冬日里的红梅，傲然于雪中，透过她我们看到了拼搏和坚守的力量。她如迎风傲然的梅花，在凌寒冬日依旧可以散发着幽香，令人心怡神爽，让人沉醉其中。她用毕生精力书写了为师之道，敬业以勤，用一支粉笔，几十年如一日的传授自己所学，给万千学子以正能量。

徐有强

春蚕到死丝方尽，蜡炬成灰泪始干。有一种伟大来自平凡，他如蜡烛般默默燃烧自己为人带去光明。如果说可以把兴趣和工作合二为一，那么工作就是快乐的源泉。他做到了，育才不倦是他的工作，同样也是他的爱好，这是他的幸运，同样，也是他所有学生的幸运。

徐秋佳

春播桃李三千圃，秋来硕果满枝头。他像太阳般炙热，对教育事业的热情总是能燃烧我们整个学院。他每日早出晚归，以校为家，他将所有精力都投入到教育事业中，他晨跑的身影总会出现在清晨的操场上，他用嘹亮的嗓音引导着同学们勇往向前。耳边总会响起他的谆谆教诲，他的一言一行都在指引着我们选择正确的道路前行。

郭春发

甘霖雨露润万物，博古通今解疑难。他传授我们为人处事的道理，教授我们待人接物的礼节，使我们笃定，使我们从容。他是甘霖雨露，质朴、真诚，用无私的爱培育着莘莘学子，是我们心中永远美的那朵蕴涵甘霖的白云。

彭晓倩

天接云涛连晓雾，熠熠星辉映人间。她像是星海精灵般燃烧着自己的光辉，跳跃于蓝天碧草之中，力与美在她身上得到最好的诠释。在她身上我们看到了活力、青春与执着。她内心涌动着如火的热情，洋溢着青春飞扬的笑脸。她永远像一个上足了发条的战士，勇于迎接挑战，用人格魅力诠释生命的张力，用心谱写着执着的教育志向。活力、青春与激情是她的标签，她是我们心中永远的星海精灵。

裘俊

零落成泥碾作尘，只有书墨香如故。她是女神，纯洁与无私在她身上得到了完美的体现，热情、纯真和负责的人格魅力与充满书墨香的气质得以完美结合，她长着一张纯真、无忧无虑的笑脸，像带着翅膀的跳动音符，用青春活力谱写着一首华美乐章。课堂上，她活力四射，教课方式新奇多样，激发学生们的兴趣；她那与生俱来的气质让人心生亲近，深得学生的喜爱。

姜路文

1个号码，24小时开机，你把学校带在身上；数十公里管线割接，几千平米草地绿化，你把学校装在心里。在繁复与艰苦中，有人囿于平庸的黑暗，你却在琐碎里绽放青春的光芒。校园里，有人春风化雨，而你，营造幸福。

孔慧兰

你很瘦小，却很高大，高大得可以为所有的寒门学子遮风挡雨。资助工作是一个学校的良心，而你就是良心上的那杆天平。送出的是爱心，温暖的是人心，你倾尽心血，只为了在有些孩子灰暗的世界里，勾勒出一道希望之光。

吴秀仙

有人把T台与翅膀称为天使的时候，你却跪在霞浦海滩的泥泞中拯救生命。纤弱的双手，托举生命的重量；心跳的节奏，演绎着妙手仁心。十年急救，三万学生，你把生的希望洒向世界。我们苦苦寻觅天使，却发现，你就在我们身边微笑。

廖东进

当这个学校还不存在的时候，你就是这样站在讲台上的，这一站，就是十四个春来秋往。十四年钻研、十四年关爱、十四年问道、十四年上下求索，把这十四年的风雨酿一壶酒，倒出来的是"纯粹"。举杯向一个纯粹的老师致敬，敬你不变的书生意气，敬你坚守的衢职匠心！

严志仙

　　跑完400米的距离大概要多久？有的人花了一分钟，你却跑了三十二年。你用不停的脚步，把自己变成了衢职的道标；你用极致的重复，把平凡变成了不平凡。来时风华正茂，此刻霜林渐染，你已奔跑半生，归来仍是少年。

制教有礼：文明寝室创建实施方案

一、制教设计理念

（一）理念

文明寝室建设是高校学生思想政治教育的重要环节，也是和谐校园、平安校园、文化校园建设的重要组成部分，是高校精神文明建设的基础工程。教育部在《关于进一步加强高等学校学生公寓管理的若干意见》中指出："学生公寓是学生日常生活和学习的重要场所，是课堂之外对学生进行高校政治思想政治工作和素质教育的重要阵地。"

自 2012 年以来，浙江省以深化大学生文明寝室建设为抓手，大力推进德育工作生活化。2016 年，省教育工委、省教育厅进一步下发《关于全面深化文明寝室创建要求的通知》指出学生公寓是学生在校学习期间的主要场所。以自主活动为主要特征、以寝室为主要活动场所的公寓生活，是学生学习生涯的重要组成部分，对其世界观、人生观、价值观的形成和个性心理品质的发展都有重要影响，要求各高校进一步深化文明寝室创建工作。

寝室文化是我校"两馆一室"（图书馆、体育馆、学生寝室）文化建设的重要组成部分。我校以文明寝室创建工作为抓手，不断完善公寓育人机制，将寝室培养成学生成长、文明习惯养成和综合素质提升的重要阵地，是打造育人的"第二课堂"。

（二）目的

1.培养学生树立正确的人生观和价值观

十八大报告中指出，"把立德树人作为教育的根本任务，培养德智体美全面发展的社会主义建设者和接班人"。立德树人是高校德育工作的核心内容，符合大学生思想政治教育的新要求，体现"育人为本，德育为先"的基本理念。立德树人要贯穿整个学校教育的始终，体现在课上课下的方方面面。文明寝室建设以隐性教育的方式，对大学生起到潜移默化的教育，定会起到意想不到的作用。文明寝室建设要坚持社会主义先进文化的前进方向，把社会主义核心价值观融入其中，引导大学生树立正确的人生观和价值观，为社会主义建设培养人才。

2.培养学生的自立意识和自主能力

大学生即将踏入社会，是未来国家和社会的主要力量，将承担起家庭、社会的重担。公寓是大学生在校期间的学习、生活、活动的主要场所，文明寝室建设与学生息息相关。大学生对公寓建设有参与的热情，愿意主动成为文明寝室建设的主力。文明寝室建设应创建平台，发挥大学生自我教育、自我管理、自我服务的自觉性和创造性，培养学生的自立意识和自主能力。

3.培养学生的开拓创新能力

公寓是大学生的集结地，广大学生有着丰富的创意与想法，他们思想活跃，推崇创新，喜欢开拓，对传统的思政教育方式比较麻木，部分学生觉得是老生常谈，没有新意，效果不佳。文明寝室建设应符合大学生的特点，创新教育理念与途径，丰富内涵，以吸引大学生的注意力。同时，积极鼓励学生参与文明寝室建设，吸收他们的想法，充分重视学生的创造能力和创新精神，发挥他们在文明寝室建设中的能动作用。

4. 培养学生良好的行为习惯

学生公寓是培养学生良好行为习惯的重要场所，是养成习惯的重要阵地。美国著名心理学家威廉·詹姆斯曾说"播下一个行动，收获一种性格；播下一个习惯，收获一种性格；播下一个性格，收获一种命运"，凸显了习惯对人成长成才的重要性。文明寝室建设以优美、整洁、协调的环境建设为基础，倡导积极、健康、文明、进取为主要特征的生活方式。

5. 培养学生的人际交往能力

寝室是大学生的"第一社会""第二家庭""第三课堂"，大学生来自五湖四海，不同个性、性格、生活习惯的大学生生活在一起，产生了一个小型社会。大学生生活在这个小型社会内，必须要遵守这个社会的游戏规则。作为即将踏入社会的大学生，学会与不同人相处的能力，对未来大学生真正走上社会有重要的现实意义。文明寝室建设应以引导健康、良好的人际环境为导向，培养大学生的人际交往能力。

（三）特色

1. 以立德树人为目标，探索建立学生公寓工作体系和文明寝室建设长效机制，把公寓文化建设当作一项系统工程来设计，形成系统性。在深入调研和广泛征求意见的基础上，落实公寓管理规章制度的废、改、立工作，提高公寓管理工作的针对性和实效性，实现学生管理制度规范化。制定和完善文明寝室创建实施方案，落实管理人员的责任分工，形成富有特色的文明寝室建设方法，科学的、持续的开展。

2. 学校高度重视文明寝室建设的重要作用，形成全体教师参与指导文明寝室创建的良好氛围。由教师指导，让学生成为文明寝室创建的主力。学校建立"3221"联系学生制度，校领导、中层干部及全校教师们对各学院、寝室进行一对一的联系，深入学生寝室，将德育工作延伸至学生生活之中，从物品摆放、地面打扫等细节入手指导学生。让学生直接参与公寓各项管理与服务工作，以学生为主体成立寝室综合检查小组，开展文明寝室检查评比。充分发挥大学生自我教育、自我管理、自我服务的能力，实现文明寝室创建在教师指导、学生自由监督基础下的一种有序化推进。

3. 制度制定与全面促进学生成长成才发展相结合。突出"文明寝室"的评价、考核指标在学生成长成才发展中的导向作用，细化落实学生责任。强化督促检查、排名通报，开展优秀寝室的评选活动，每月评选"文明寝室"，每学期评选"模范寝室"，给予相应的表扬奖励。加大奖罚力度，对被认定为"最差寝室"的寝室成员，降低或者取消在有关方面评优评奖的资格，影响学生党员发展、学生综合评价体系、学生奖惩制度等。进一步提升学生个人的思想道德品质和文明素养，从源头上确保长效机制的建立。

二、制教方案

（一）改善前制度

1. 理念。以推动学生宿舍精神文明建设，优化育人环境，加强寝室管理，提高寝室文明程度为目标。每学年在全院范围内开展一次"文明寝室"评比活动。

2. 内容。评选具备"五好一新"特点的寝室为文明寝室。要求思想好、学风好、卫生好、纪律好、人际关系好、一个创新，同时符合《衢州职业技术学院文明寝室评比标准》的基本条件。

3. 详见附件1:《关于开展"文明寝室"评选活动的通知》（衢职院学工发〔2013〕6号）

（二）改善后制度

1. 理念。以省委教育工委、省教育厅《关于全面深化文明寝室创建要求的通知》（浙教工委〔2016〕3号）文件精神为指导，根据校党委的要求，通过文明寝室创建活动的开展，逐步实现学生公寓管理工作的规范化，进一步促进学生良好行为习惯的形成，促进素质教育的全面推进，探索建立学生公寓工作体系和文明寝室建设长效机制。

2. 内容。由学校党委领导，成立文明寝室创建思政体系，以学工线为主导，二级学院为主体，相关责任部门共管的责任体系，完善"班主任管寝室、辅导员管楼层、二级学院领导管楼幢、学工部管考核"的工作机制。在深入调研和广泛征求意见的基础上，落实公寓管理规章制度的废、改、立工作，提高公寓管理工作的针对性和实效性，实现学生管理制度规范化。通过健全制度，坚持把创建工作与培育和践行社会主义核心价值观相结合、创建工作与加强学生"三自"教育管理相结合、创建工作与推进全员育人机制相结合、创建工作与全面促进学生成长成才发展相结合等四个原则开展文明寝室评比，引导学生主动参与文明寝室创建。

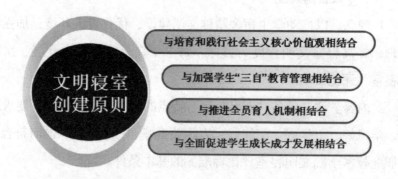

图12-1 文明寝室创建原则

3. 详见附件2：《衢州职业技术学院文明寝室创建工作实施方案（试行）》（衢职院学工〔2016〕2号）

4. 文明寝室考核流程

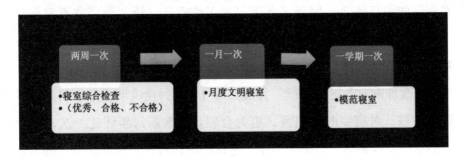

图 12-2 文明寝室考核流程

5. 文明寝室考核内容

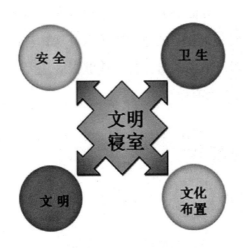

图 12-3 文明寝室考核内容

（三）改善前、后的差异

1. 改善后方案充分发挥优秀寝室、学生的先锋模范作用，形成"你追我赶树先进"的积极公寓氛围，将文明寝室考核纳入各项评优活动中。同时增加了奖罚力度。若被评为最差寝室，该寝室的全体成员将扣素质拓展学分，让平时内务不好的寝室有紧张感，迫使其在内务方面做出改正。

2. 改善后方案落实了责任，全校各部门一起行动。建立"学校党委领导、公寓党工委牵头、学工线为主导、二级学院为主体、责任部门共管"的责任体系，明确了各部门的工作责任，让文明寝室不只是学生参与，老师也参与其中，促进师生共同努力实现学生公寓工作的规范化管理。

3.改善后方案更为持续、长效。每月评比月度文明寝室，增加了过程的考核，对寝室时时监督，更为合理。改善前每年评比一次，由学工部牵头组成临时的"文明寝室"考核小组，对各二级学院推荐的"文明寝室"进行审核、抽查，考核需评比的跨度大，但评比时间紧迫。

4.改善后方案有更为详细的检查制度，围绕内务卫生、安全、文明礼仪、寝室文化等多方面展开，方便了检查人员的日常督查。同时也使每个寝室在争取文明寝室的过程中可以开展针对性自查，提高了学生参加文明寝室创建活动的自觉性，能够很好地促进学生文明素养的形成，相对旧方案更为有效。

三、制教成果

（一）制教成效

图12-4　文明寝室获奖情况

2016年下发新的实施方案将原来的文明寝室评比从一年一评，更改为每月评比文明寝室，每学期评比模范寝室。将文明寝室创建工作日常化，引起了同学们的重视。评比要求更为严格，选出的优秀寝室反而更多，学生寝室内务情况总体得到改善。但文明寝室的持续性还需进一步加强，2017年获得数量比2016年略低。

（二）取得成效

2016年4月，省教育厅组织6个督查组，对浙江大学、浙江音乐学院等61所高校进行了查访。我校被评为A类（最优级别）。

四、制教推动照片

我校召开文明寝室创建动员大会，全体教师、部分学生代表参加

我校召开新生寝室长培训

同学们一起打扫寝室

清理卫生死角

省教育厅领导来校督察文明寝室创建工作　　市政协领导来校督察文明寝室创建工作

干净整洁的寝室　　　　　　　整洁有序的寝室角落

五、师生反应的心得

（一）学生心得

参与寝室卫生检查的一名层长说：

身为层长，参与文明寝室创建工作的寝室综合检查，我觉得自己责任重大。检查中，大多数的寝室都能保持地面的整洁，无垃圾乱扔、鞋袜乱摆、物品乱放等现象。少部分寝室有些不足，如桌面的物品没有摆放整齐，衣物乱放等，经过指导，也都改正了。同学们对寝室检查的配合度很高，能够理解我们的工作。我认为文明寝室创建的意义在于让同学们有爱护寝室的意识，能共同创建一个和谐的生活环境，让同学们在寝室这个小家中生活得更加愉快。

机电工程学院王同学说：

文明寝室创建是非常有意义的，它让我们寝室变得更加的整洁干净，并且增加了我们的安全意识。禁止使用大功率电器，杜绝私拉乱接现象的存在，避免了火灾的发生，保障了大家的生命财产安全。让我们住得很安心，也使得我们寝室变得越来越好。

医学院李同学说：

文明寝室创建使我们更加重视寝室卫生的打扫，寝室物品的有序摆放。"寝室是我家，卫生靠大家"。我们只有把寝室卫生搞好，才会有一个好的学习生活环境，才能有一个好的心情去玩耍。寝室干净整洁也能避免疾病的发生，有利于我们的身体健康。

针对卫生我们寝室专门制定了一份详细的工作安排表。简单来讲，个人习惯要养好，自己的被子、物品由个人自己摆放整洁，公共区域的打扫、垃圾的清理等由室友轮流。我们寝室有六个人，星期日无特殊情况一般大家会一起进行大扫除。

校学工部吴老师说：

教师不仅仅是教书，更重要的是育人。我们希望通过文明寝室的创建工作培养同学们自立自强、勤劳奉献的精神。寝室是由6个人组成的小团体，文明寝室创建不能仅仅依靠寝室长，需要所有人一起动起手来，团结协作，才能使寝室越来越好。

一名学生家长说：

听孩子讲文明寝室创建活动，在我看来是一个非常好的培养小孩日常生活习惯的活动。以前小孩在家从不参与打扫卫生，除了玩手机、玩电脑就是看电视，连他自己的房间也是我们做家长的打扫，没有自我管理的意识。学校紧抓卫生和习惯，他回家也会帮忙干干家务。作为家长呢，可以放心点，毕竟小孩以后到社会上只能靠他们自己。他们能够有自立自强的意识，以后到社会上去才能够适应，不会什么都不懂。我个人认为这个活动非常不错。

六、推广经验分享

（一）经过文明寝室创建工作，大部分学生都意识到文明寝室建设的重要性，但文明寝室创建成效表现在一时性，如何使该项工作持之以恒的长效发展？要不断地强化文明寝室创建工作，组织管理人员、学生干部等认真学习管理制度，确保能够正确解读制度，落实制度执行。

（二）文明寝室创建工作现阶段更多的是注重如何管理学生，除了严格考核之外，文明寝室创建工作的途径还需进一步探讨。如何通过服务学生，不断有效的寓公寓管理于服务之中；不断提升寝室的管理服务设施，提升学生的幸福感……

（三）以"家"的理念创建文明寝室，变寝室被动的管理为主动、自主的学习和适应。该项工作不应局限于寝室的环境卫生，更重要的是培养学生良好的自觉性，要以提升学生自我管理能力为目标，充分发挥学生的积极性。

附件 1

关于开展"文明寝室"评选活动的通知

各二级学院、学生公寓：

为进一步推动学生寝室精神文明建设，优化育人环境，加强寝室管理，提高寝室文明程度。经研究决定，在全院范围内开展"文明寝室"评比活动，现将有关事项通知如下：

一、参评对象

全院公寓所有寝室

二、评选条件

（一）参评寝室应具备"五好一新"特点，即：思想好、学风好、卫生好、纪律好、人际关系好、一个创新。同时符合《衢州职业技术学院文明寝室评比标准》的基本条件。

（二）出现下列情况之一的寝室，不得参加"文明寝室"评比：

1.有违反《衢州职业技术学院学生违纪处分条例》《衢州职业技术学院公寓管理条例》受到各级各类违纪处分的。

2.有违章使用或存放大功率电器和电热设备的。

3.在寝室中从事宗教、传销等活动的。

4.拒绝学校、学院组织正常检查或者突击检查的。

5.卫生评比检查结果中有一次为"卫生较差寝室"的。

三、评审程序

（一）各二级学院对本院学生寝室进行全面考核评分，参照文明寝室评分细则打分，评出"文明寝室"的候选寝室，并在本院范围内进行公示，公示无异议后将候选寝室名单报学工部审批。

（二）学工部组织成立由公寓管理人员、辅导员等组成的"文明寝室"考核小组，对各二级学院推荐的"文明寝室"进行审核、抽查，并对审核、抽查结果进行公示，确定"文明寝室"星级标准。

四、表彰及奖励

（一）学院对"文明寝室"发文表彰，颁发"文明寝室"星级流动标识及奖品。

（二）每位寝室成员在综合素质测评中给予加分（标准：五星1分、四星0.75分、三星0.5分、二星0.25分）。

五、具体要求

（一）各二级学院要做好宣传发动，组织师生认真学习《文明寝室考核标准》及评分细则，组织全体学生积极参与文明寝室的创建活动。

（二）各二级学院要认真组织评审推荐，坚持公平、公正、公开的原则，择优推荐，"文明寝室"数量不限，凡符合条件者均可推荐参评。

（三）"文明寝室"评审推荐材料请在5月20日前上报学工部。

（四）各二级学院及公寓学生组织要以"文明寝室"评选工作为契机，切实加强学生寝室文明建设和优良学风建设，努力培养和打造一批先进寝室集体的典型，真正达到"创先争优"的目的。

中共衢州职业技术学院委员会学工部

2013年5月8日

附件2

衢州职业技术学院文明寝室创建工作实施方案
（试行）

学生寝室是大学生生活和学习的重要场所，寝室文明程度既体现了学生的精神面貌和文明水准，又体现了学生的思想境界和学校的管理水平。为塑造健康文明、积极向上的寝室文化氛围，营造"平安、健康、文明、和谐"的寝室环境，制订本方案。

一、指导思想

以省委教育工委、省教育厅《关于全面深化文明寝室创建要求的通知》（浙教工委〔2016〕3号）文件精神为指导，根据校党委的要求，通过文明寝室创建活动的开展，逐步实现学生公寓管理工作的规范化，进一步促进学生良好行为习惯的形成，促进素质教育的全面推进。

二、创建目标

1.改善学生寝室内务卫生状况，养成健康的生活方式。

2.提高学生纪律安全意识，建设平安公寓。

3.优化寝室育人环境，营造和谐文明的寝室文化。

4.沟通你我，友爱互助，齐心协力，共建温馨家园。

5.健全服务机制，丰富育人载体，拓展关爱学生平台。

三、组织架构

学校高度重视学生公寓的管理，建立"学校党委领导、公寓党工委牵头、学工部为主导、二级学院为主体、责任部门共管"的责任体系。实行公寓社区制，相应二级学院书记兼任社区主任、学工办主任兼任社区副主任，辅导员等为社区管理成员。

四、创建原则

（一）坚持把创建工作与培育和践行社会主义核心价值观相结合。切实提高大学生辨别是非、美丑的能力，把社会主义核心价值观教育落细、落小、落实，帮助他们树立正确的世界观、人生观和价值观，培养学生强烈的爱国主义、集体主义观念和社会责任意识。

（二）坚持把创建工作与加强学生"三自"教育管理相结合。结合大学生文明修身专题活动，教育和引导学生养成良好的行为和生活习惯，抵制不文明行为，自觉树立良好形象，激发每一名学生主体意识，全员、全程参与创建，不断提高大学生自我管理能力，充分发挥学生党员、学生干部的先锋榜样作用。

（三）坚持把创建工作与推进全员育人机制相结合。进一步深化"3221"联系制度；落实中层干部分片包干公寓区责任制；落实教师、班主任、辅导员联系寝室制度，完善相关考核制度，将教师的育人服务落实到"文明寝室"创建活动中去。

（四）坚持把创建工作与全面促进学生成长成才发展相结合。完善学生党员发展、学生综合评价体系、学生素质拓展、学生奖惩制度等相关规定，突出"文明寝室"的评价、考核指标在学生成长成才发展中的导向作用。进一步提升学生个人的思想道德品质和文明素养，从源头上确保长效机制建立。

五、创建内容和标准

"创建文明寝室"活动，主要围绕内务卫生、安全、文明礼仪、寝室文化四个主题实施，评选出"文明寝室""文明楼层""文明社区"，同时对创建中出现的"最差寝室"予以处理。上述评选基本规范与标准详见附件1与附件2。

（一）创建文明寝室

采用申报与复核制，每月评选一次，二级学院负责创建、督查申报，学工部负责复核、挂牌。

复核时以寝室内务卫生评分为主，加上其他方面的成绩。公式：复核成绩＝寝室卫生成绩（70%）＋寝室纪律安全（10%）＋文明礼仪（10%）＋文化氛围成绩（10%），寝室卫生成绩基础分为100分，寝室纪律安全、文明礼仪、文化氛围一共构成基础为100分。复核总分达到90分及以上的，给予"文明寝室"称号；连续一学期获得"文明寝室"称号的寝室，被评选为"模范寝室"。

（二）创建文明楼层

文明寝室创建率在85%以上的被评为文明楼层，每月评选一次。

（三）创建文明社区

文明社区每学期评选一次，以该社区文明寝室数和文明楼层数为标准。连续一个学期文明寝室数达到总房间数的80%且文明楼层达到总层数的70%，且卫生检查成绩合格率在96%以上的可评为"文明社区"。

（四）"最差寝室"

"最差寝室"分两个档次即"最差寝室"和"内务卫生不合格寝室"。

"最差寝室"指在校级以上规格的检查中被认定为不合格的寝室；在校级内务卫生检查或抽查中一学期累计被认定为不合格的寝室2次及以

上的；在校级内务卫生检查或综合安全检查中一学期累计发现有大功率电器2次的；因其他不文明行为而产生重大不良影响的。

六、奖惩

（一）每月复核评定的"文明寝室"及不合格寝室结果将在学校 OA 系统、各公寓门厅进行公布，获得"文明寝室"称号的，次月在其寝室门悬挂"文明寝室"牌，"最差寝室"挂警示牌；连续一学期获"文明寝室"称号的评为"模范寝室"。

（二）一学期文明寝室数的平均百分率作为文明班级、优秀班主任的评比硬指标（文明班级、优秀班主任的文明寝室数平均百分率需达到本班级总寝室数的80%）。

（三）文明寝室数的平均百分率作为年终绩效考核的重要指标。二级学院文明寝室创建率70% 为合格，每提高一个百分点加0.5分，每降低一个百分点扣0.5分，加分上限为10分。

（四）获"模范寝室"的全体成员给予加素质拓展分2分 / 人 / 学期，在各类评优评奖、党员发展方面给予优先考虑。

（五）对于在寝室内务卫生工作中表现突出的个人可以参评"寝室内务优秀个人""优秀寝室长"等，并进行表彰和奖励。

（六）"最差寝室"的处理

1."最差寝室"的处理："最差寝室"比例超过4%的二级学院，当年年度绩效综合考评不得评为一等奖；该寝室的全体成员扣素质拓展分2分 / 人 / 学期，当年的各类评优评奖、入党推优一票否决。

2."内务卫生不合格寝室"的处理：在校级检查中，寝室内务卫生被认定为不合格1次的，该寝室全体成员扣素质拓展分0.5分 / 人 / 次；寝室内务卫生被评定为不合格2次的，该寝室被认定为"最差寝室"；寝室内务卫生被认定为不合格3次及以上的，除按"最差寝室"处理外，同时给予该寝室全体成员相应的纪律处分。

七、创建要求

（一）高度重视。各二级学院要高度重视此项工作，制定计划、落实责任、严格要求。党总支书记总负责，班主任是直接责任人，组织好文明寝室创建，及时纠正不文明行为。为此二级学院要根据本方案及要求，制定符合本学院情况的实施细则，特别要把寝室内务卫生和安全建设作为重点，把解决寝室"脏乱差"作为突破口，树立文明样板寝室，对"较差、最差"寝室进行跟踪整治，高标准、严要求，确保"文明寝室"创建工作取得成效。

（二）落实责任。按照文明寝室建设要求，完善"班主任管寝室、辅导员管楼层、总支书记管社区、学工部管考核"的工作机制。公寓党工委各组成部门要认真履行职责，积极主动指导文明寝室创建活动。院办公室负责中层干部分片包干公寓的年终考核；组织部、工会负责干部教师"3221"联系制度的落实及考核；宣传部负责文明寝室建设的外部宣传；学工部负责修订标准、组织检查、汇总通报、评比奖励；后勤保卫处负责设施完善、消防治安；团委负责文明修身进寝室、文明礼仪相关活动的组织。

（三）做好宣传、引导。各二级学院学工办要做好向各班级的宣传工作，使班级学生积极参与文明寝室创建活动，及时认真填写"文明寝室"申报登记表，每月月底前汇总所在二级学院申报材料至学工部。各社区主任及成员要高度重视此项工作，根据学校总体方案及本社区实际情况，做好文明寝室建设宣传、引导、检查、通报、整改等具体工作。

八、其他说明

对寝室复核情况有异议的寝室，只限于复核后一周内反映，超出时间不予受理。

本方案自2016年3月20日起开始施行。

通识课程

衢州职业技术学院《思想道德修养与法律基础》课程大纲

2018~2019 学年度第 一 学期○○专业（○○班）

课程名称	思想道德修养与法律基础		课程代号	
课程类型	□素质通识　□专业核心　□专业选修　□专业方向		授课教师	郭春发
修读方式	□必修　　□必选　　□选修		学分	3
开课学期	一学期	总学时	48	实践学时	12
办公地点	715	课外答疑时间	周三下午 14：00-16：00	联系方式	67427216@qq.com
A 课程描述	本课程旨在引领学生掌握人生观、价值观、道德观和法治观教育基本理论，通过学习和实践理想信念、中国精神、公民道德、职业道德、家庭美德、法律体系、法治思维和法治观念、宪法及相关部门法等内容，提升学生运用法律的基本能力和具备相应的思想道德素养和法律素养。			
B 课程教学目标 （标注能力指标）	1. 知识 1.1 了解和感悟新时代的内涵，掌握人生观、共同理想的相关内容；　B1 1.2 了解中国精神的形成与发展；理解社会主义核心价值观的内涵、背景；A1 1.3 掌握公德与私德的相关内容；　B1 1.4 了解习近平新时代中国特色社会主义法治思想，理解法律体系、法治观念法治思维相关内容。E1 2. 技能 2.1 增进日常生活、社会交往中良好的沟通能力；　E2 2.2 提高解决法律纠纷的协调能力；　E2 2.3 提高正确区分善恶美丑，抑恶扬善的能力。E2 3. 素质 3.1 解决人生中的困惑，树立正确的人生观，提高适应人生新阶段的基本素质；B2 3.2 树立正确的价值观，具备新时代青年的爱国素质；A2 3.3 增强法律意识，弘扬法治精神，提高自身法律素质。E2			

C 核心能力	A 尚德弘毅		B 健康关怀		C 专业知识		D 熟用技能		E 沟通协作		F 问题解决		备注
D 课程权重	A1	A2	B1	B2	C1	C2	D1	D2	E1	E2	F1	F2	合计 100%
	20	20	15	15					15	15			

E 学分数分配权重	数学（信息或专业）相关课程	专业课程-理论	专业课程-设计实作	通识	其他	合计
				3		3

F 教材内容大纲	章节教材内容（能力指标）	学时分配		
		理论	实践	合计
	人生的青春之问（B1、B2）	3	0	3
	坚定理想信念（A1、A2）	4	2	6
	弘扬中国精神（A1、A2）	4	2	6
	践行社会主义核心价值观（A1、A2）	9	2	11
	明大德守公德严私德（B1、B2、E2）	7	3	10
	学法守法用法（E1、E2）	9	3	12
		36	12	48

G 课程要求	本课程以培养学生运用马克思主义世界观和方法论认识和分析问题的能力为目标，侧重学会思考、学会学习、学会做人的能力的培养，使学生具有分辨是非、善恶、美丑和加强自我修养的能力。

H 教学方式	□讲授 □讨论或座谈 □成果导向学习 □分组合作学习 □专题学习 □实作学习 □发表学习 □实习 □参观访问 □其它（ ）

I 学习评价	成绩项目	配分	评价方式（呼应能力指标）	细项配分	说明
	平时成绩				到课100%，5分（迟到或早退一次扣0.5分，缺课一次扣1分）。课堂表现满意度5分（较满意一次扣0.5分，不满意一次扣1分）

		平时成绩	40	实作评量	40	课内辩论、演讲训练，总10分，按100分制打分，具体评量按照附件1中评量表及评量规准打分。课前时政播报5分（一节课两人，每人一学期一次）。作业与网络课程学习，学习评分共15分。具体见量表。
		期中成绩	20		20	小论文
		期末成绩	40	纸笔测验	40	
J 进度表		次别	单元名称与内容			能力指标代码
	单元一		单元一 人生的青春之问			B1、B2
			任务一：大学生入学适应期的要求：适应人生新阶段，肩负历史新使命。 任务二：人生观的基本内涵以及对人生的重要作用，树立为人民服务的人生观的重要意义。 任务三：处理各种关系的方法，立志在实践中创造有价值的人生，做到和谐发展。			B1、B2
	单元二		单元二 坚定理想信念			A1、A2
			任务一：理想信念、共同理想的含义和特征； 任务二：理想信念对大学生成才的重要意义，树立马克思主义崇高的理想信念。 任务三：积极投身社会实践，把理想转化为现实，实现中国梦。			A1、A2
	单元三		单元三 弘扬中国精神			A1、A2
			任务一：中国精神的科学内涵，实现中国梦必须弘扬中国精神。 任务二：爱国主义的科学内涵和民族精神的优良传统，创新创造是中华民族的民族禀赋。 任务三：做忠诚的爱国者及改革创新实践者的途径。			A2
	单元四		单元四 践行社会主义核心价值观			A1、A2

		任务一：社会主义核心价值观的基本内容。	
		任务二：社会主义核心价值观的历史底蕴、现实基础、道义力量。	A1、B1
		任务三：积极努力做社会主义核心价值观的践行者，扣好人生的第一个扣子。	
	单元五	单元五　明大德守公德严私德	B1 、B2
		任务一：道德的历史演变、功能、作用和中华民族优良道德传统、革命道德。	
		任务二：公共生活、职业生活、婚姻家庭生活中的道德与法律的内容；正确的择业观、职业观、恋爱观、婚姻观及公德意识的养成。	B1 、B2
		任务三：学习和掌握社会生活领域的道德规范和法律规范，自觉加强道德修养和法律修养，践行衢职有礼，锤炼高尚品格。	E2 、B2
	单元六	单元六　学法守法用法	E1、E2
		任务一：法律的概念与历史发展，宪法规定的基本制度、实体法律部门和程序法律部门，社会主义法治思维方式与法律的至上地位，法律权利与义务以及二者的关系。 任务二：社会主义法治观念的主要内容、社主主义法治思维方式的基本含义和特征，我国宪法法律规定的权利和义务。	E1、E2
		任务三：中国特色社会主义法治体系，不断增强维护法律尊严的自觉性和责任感。	E1、E2
		任务四：树立法治理念，培养法治思维，维护法律权威，成为具有良好的法律素质的社会主义建设者和接班人，如何依法行使权利和履行义务。	E1、E2
K 建议教材	本书编写组 . 思想道德修养与法律基础 [M]. 北京 : 高等教育出版社，2018.		

L 参考书籍	1. 中央党校采访实录编辑室 . 习近平的七年知青岁月〔M〕. 北京：中共中央党校出版社，2017. 2. 习近平 . 习近平谈治国理政（第 2 卷）[M]. 北京：外文出版社，2017. 3. 习近平 . 习近平谈治国理政 [M]. 北京：外文出版社，2014. 4. 黄灯 . 大地上的亲人：一个农村儿媳眼中的乡村图景 [M]. 北京：台海出版社，2016. 5. [英] 彼得·弗兰科潘 . 丝绸之路：一部全新的世界史 [M]. 邵旭东 / 孙芳译 . 杭州：浙江大学出版社，2016. 6. 许纪霖 . 家国天下：现代中国的个人、国家与世界认同 [M]. 上海：世纪文景 上海人民出版社，2017. 7. 苏力 . 法治及其本土资源 [M]. 北京：中国政法大学出版社，1996. 8. 李林 . 中国特色社会主义法治发展道路 [M]. 北京：中国法制出版社，2018. 9. 北京大学党委宣传部组编 . 铸魂：社会主义核心价值观十二讲 [M]. 北京：北京大学出版社，2017. 10. 周国平 . 人生哲思录 [M]. 上海：上海辞书出版社，2005.
M 先修课程	高中或中职的思想政治课程
N 教学资源	超星线上资源、南方周末、强国论坛等
O 注意事项	1. 本课程大纲进度表部分可根据教学需要进行调整；2 根据国家法律政策的变化调整相关的教学内容

P 课程分析 与评估	平均成绩		及格率		修课人数	
	1. 学习成效分析					
	2. 核心能力检讨					
	3. 其他					

备注：

1. 课程大纲 A—G 项由所在部门和相关课程委员会编写并审核通过，教师不能自行更改。

2. 本课程大纲 H—P 项同一课程不同授课教师应协同讨论研究达成共同核心内涵，教师不宜自行更改。

3. 评价方式，可参酌下例方式。

（1）纸笔测验：小考、期中纸笔测验、期末纸笔测验

（2）实作评量：作业、时政播报、日常表现、演讲、辩论、调查报告、小论文等

（3）档案评量：报告、专题档案

衢州职业技术学院单元教学活动设计

分院	医学院	专业	护理	设计者		郭春发
科目名称	思想道德修养与法律基础	学年	2018–2019		学期	1
授课类型	□理论型　　　　□理实一体型　　　　□实践型					
单元名称	明大德守公德严私德	班级	18护理9、10班	人数		80
教材来源	改编：本书编写组，《思想道德修养与法律基础》高等教育出版社，2018年修订版。	授课学时	2			
学生学习条件分析	1.起点分析：初步掌握了核心价值观的内容，了解了护理行业一定的职业规范，具有一定的礼仪素养。 2.重点分析：深刻认识社会公德的内涵，并能结合自身实际，反思个体的社会公共行为是否符合《公民道德建设是事纲要》中规定的社会公德规范，并学会在道德选择与道德讨论中提高自身的道德水平与道德境界。 3.难点分析：社会公德实践活动的有效性。					
教学方法手段	1.教学方法：案例分析法、讲演法、演示法、辩论法。 2.教学手段：PPT、超星课堂。					
教学资源	1.个人资源：郭博评热点公众号。 2.学校资源：超星慕课平台、图书馆学术资源平台。 3.网络（出版社）资源：强国论坛、参考消息、环球时报、中国政府网、人民日报。 4.本书编写组 . 思想道德修养与法律基础 [M]. 北京：高等教育出版社 ,2018. 企业资源：无。					
能力指标	明大德守公德严私德（B1、B2）					
教学目标	（一）知识目标：1.熟记道德的本质、功能与社会公德的主要内容；2.能辨别哪些行为是违法社会公德的行为。B1 （二）能力目标：提高正确区分善恶美丑，抑恶扬善的能力。E2 （三）素质目标：1.认同社会公德，以遵守社会公德为荣，以违背社会公德为耻；2.能反思自身的行为表现并加以改进，践行衢职有礼，使自己成为一个合格的公民。B2					
教师课前准备	1.教师布置课代表组建衢职有礼五个项目组，并确定各自的项目合作团队。 2.设计项目任务书和学习评价表；3.指导学生搜集资料的方法及宣传方法。					

学生课前准备	1.五名项目负责人组建自己的衢职有礼项目(参照衢州有礼20条)合作团队,分别是:"文明礼貌"(笑迎宾朋,作揖问好、电梯先出后进,扶梯站立右边)项目组、"助人为乐"项目组(排队有序,公交让座)、"爱护公物"(公园桌椅莫躺卧,一草一木皆有情)项目组、"保护环境"(垃圾投放要分类,看到垃圾随手捡)项目组和"遵纪守法"(上网不信谣传谣,手机不刷屏拉票)项目组;2.每个项目组开展各种形式的调查活动,并策划本项目宣传方案;3.收集、筛选、整理资料,准备课堂展示。
活动历程(强调成果导向、主要教学法的历程,含辅助手段、时间分配。)	1.提出问题:有人受伤倒地,如果看到这种情况,你会怎么做?(创设情境,激发兴趣 5分钟)学生讨论,提出具体的方案。 2.引出反面案例《10·13广东佛山女童遭两车碾压事件》(案例启发5分钟)。 (1)展示图片; (2)根据图片内容,提出问题:第一,面对小悦悦被车碾,十八个路人选择离开,是否说明社会道德在滑坡;第二,你觉得如何来衡量个人道德水平高低?(问题深入5分钟)从政府、社会和个人如何避免类似事件的发生; (3)学生讨论,提出社会道德滑坡与否的原因,学生讨论提出衡量个人道德水平高低的标准,学生讨论避免类似事件的措施。 3.讲解与讨论道德的本质与功能(图说点拨,引发思考15分)。 (1)图片链接展示; (2)思考问题:图片中展示了什么? (3)学生结合案例总结道德的功能。 (4)教师讲解讲述道德的本质是一种社会意识形式,教师讲解讲述道德的功能:认识功能、调节功能、规范功能。 4.拓展分析正面案例《有礼城市是衢州,你是最美衢州人》(案例启发10分钟)。学生分析案例,谈提升的积极意义。 5.第一阶段小节:学生讨论总结,明礼仪、知善恶(5分钟)。 6.《衢职有礼 做最美衢职人》分享感受,突出难点问题:社会公德的实践活动的有效性,如何通过自己的实践来提升素养。 　　各项目负责人展示项目成果,分别是:"文明礼貌"(笑迎宾朋,作揖问好,电梯先出后进,扶梯站立右边)项目组、"助人为乐"项目组(排队有序,公交让座)、"爱护公物"(公园桌椅莫躺卧,一草一木皆有情)项目组、"保护环境"(垃圾投放要分类,看到垃圾随手捡)项目组和"遵纪守法"(上网不信谣传谣,手机不刷屏拉票)项目组(项目展示,25分钟)。 7.学生分享讨论,学生对五个项目组投票选出"最佳项目"。(强化体验,自主感悟5分钟)。 8.播放师生共同制作的短片《衢职有礼,做最美衢职人》,学生讨论如何成为最美衢职人。(拓展分析,10分钟) 9.课堂小结与作业布置:学生填写学习评价表和撰写衢职有礼心得。(5分钟)

学习评量	1. 单元 100 分，如何评分：考勤 20%+ 课堂讨论 30%+ 小组分析或阅读心得 40%+ 参与评价反馈 10%。 2. 采用评量方法、配分及工具（附件）：他评与自评结合，小文章评论设置五个等级业。 3. 课后作业如何计分、评分：等级分 A、B、C、D、E，各自占配分 100%、90%、60%、40%、0%。
课后作业	1. 填写学习评价表；2. 课堂心得。
教学后记	目标或能力指针达成度、学习表现、内容、方法、资源、业师协同等向度。（至少写三项）。 催交次数。 课堂表现得分曲线。 团队合作评价得分曲线。

附件 1

课前时政播报训练评量表及规准

评价目标：

1 正确面对人生中的困惑，树立正确的人生观，提高适应人生新阶段的基本素质。B2

2 树立正确的价值观，具备新时代青年的爱国素养。A2

3 形成一定的公德与私德方面的善恶判断力，具备谦和有礼的基本素养。A2

4 增强法律意识，弘扬法治精神，提高处理一般事务的法律素养。E2

表 1 课堂呈现学习评量表（适用于时政播报、演讲等）

《思想道德修养与法律基础》课堂呈现学习评量表 姓名：　　　班级：　学号：　　日期：
各位同学：为完整呈现本学期课堂呈现的学习情况，请于课后整理出一份系统、完整的量表。
一、报告内容重点与评量：请针对下列评量项目并参酌（二、评量规准）于自评字段打"A、B、C、D、E"其中一项后，再请老师于合计栏复评。

评量项目（100分）	自评与教师复评（A至E）	
	自评	教师
1. 参与讨论。（10分）		
2. 小组配合呈现组员特长与贡献。（20分）		
3.PPT制作情况图文并茂，引述资料充分。（20分）		
4. 口语表达能做到声情并茂，抑扬顿挫。（20分）		
5. 能与全场观众互动，达到良好的现场效果。（20分）		
6. 催交情况。（10分）		
合计：		
分享：		
评量教师：		

表2　课堂呈现评量规准

课堂呈现					
符号向度	A	B	C	D	E
1.参与讨论。（10分）	工作主动，参与积极。	工作比较主动，参与比较积极。	工作基本主动，基本积极参与。	工作不太主动，不太积极参与。	工作不主动，不积极参与。
2.小组配合呈现组员特长与贡献。（20分）	组内优化方案质量高，分工合宜，合作意识好，完成任务效率高。	（1）分工合宜；（2）互助合作；（3）按时达成任务但速度较慢。	（1）分工较合宜；（2）互助合作；（3）按时达成任务但速度较慢。	（1）分工较合宜；（2）互助合作；（3）工作效率较慢，没有按时达成任务。	（1）分工不合宜；（2）没有互助合作；（3）没有按时达成任务。
3.PPT制作情况图文并茂，引述资料充分。（20分）	图文并茂，引述资料充分。	图文并茂，引述资料具有一定的逻辑性。	经过修改能做到，图文并茂，引述资料具有一定的逻辑性。	无图，但是引述资料具有一定的逻辑性。	无图，引述资料散乱无逻辑性。

4. 口语表达能做到声情并茂，抑扬顿挫。(20分)	声调、语言表达能力均甚佳。(20分)	声调、语言表达能力均颇佳。(15分)	声调、语言表达能力欠佳。(10分)	声调、语言表达能力均欠佳。(5分)	缺席。(0分)
5. 能与全场观众互动，达到良好的现场效果。(20分)	互动效果好。	有互动，有感染力。	有互动,有一定的感染力。	无互动，有感染力。	无互动，无感染力。
6. 催交情况。(10分)	无催交。	催交一次。	催交2次。	催交三次。	催交4次以上。

注：各项目之A、B、C、D、E依据占配分的100%、90%、60%、30%、0%。

附件2

课堂心得评量表及规准

一、评量目标

评价目标：

1. 了解和感悟新时代的内涵，掌握人生观、共同理想的相关内容。B1

2. 了解中国精神的形成与发展，理解社会主义核心价值观的内涵与背景。A1

3. 掌握公德与私德的相关内容。B1

4. 了解习近平新时代中国特色社会主义法治思想，理解法律体系、法治观念和法治思维的相关内容。E1

二、评量标准

表1　课堂心得评量表

姓名：　　班级：　学号：　　日期：
各位同学：为完整本学期《思想道德修养与法律基础》课堂心得任务，请对照下表项目进行互评。

一、报告内容重点与评量：请针对下列评量项目并参酌；（二、评量规准）于自评字段打；
"A、B、C、D、E"其中一项后，再请老师于合计栏复评。

评量项目（100分）	自评与教师复评（A至E）	
	自评	教师
1. 观点。（10分）		
2. 主文。（30分）		
3. 结论。（20分）		
4. 表达。（20分）		
5. 错别字。（10分）		
6. 参考文献。（10分）		
合计		

分享：

评量教师：

课堂心得评量规准

符号	A	B	C	D	E
1. 观点表述。（10分）	完全切合主题	大部分切合主题	约半数切合主题	小部分切合主题	未切合主题
2. 主文论述。（30分）	有引述主张；有论证资料；有反思升华问题。	有引述主张；有论证资料，无升华问题。	修改之后有引述主张，有论证资料。	有引述主张或有论证资料。	无段落、项目，不报告格式要求。

203

3. 结论。（20分）	正确、整合、升华。	摘要性总结。	简短总结。	总结偏离。	无总结。
4. 表达。（20分）	声调、语言表达能力均甚佳。	声调、语言表达能力均颇佳。（15分）	声调、语言表达能力欠佳。（10分）	声调、语言表达能力欠佳。（5分）	缺席。（0分）
5. 错别字。（10分）	完全没有。	0–3个。	4–8个。	9–15个。	16个以上。
6. 参考书目及引注。（10分）	参考书目及引注均符合格式要求。	参考书目及引注均大部分符合格式要求。	参考书目及引注均半数符合格式要求。	参考书目及引注均少部分部分符合格式要求。	无参考书目。
注：各项目之A、B、C、D、E依据占配分的100%、90%、60%、40%、0%。					

衢州职业技术学院《口语交际》课程大纲

2018~2019 学年度第 一 学期○○专业（○○班）

课程名称	口语交际		课程代号	
课程类型	□素质通识　□专业核心　□专业选修　□专业方向		授课教师	
修读方式	□必修　　□必选　　□选修		学分	2
开课学期		总学时　32	实践学时	20
办公地点	813	课外答疑时间	周三下午3：00—4：30	联系方式	

A 课程描述	本课程旨在培养学生中文沟通与表达能力，通过案例教学、情景模拟、小组项目和角色扮演等方法，使学生掌握口才基础知识，培养在日常交往、求职面试、演讲与谈判、工作等方面的沟通协作能力，养成彬彬有礼、文明谦和的品格。
B 课程教学目标	1 知识 1.1 掌握沟通与表达的基础知识，能运用普通话、态势语言恰当有礼地表达和交流。　C1 2 技能 2.1 掌握演讲稿、谈判方案、主持稿及求职材料的写作技巧。　D1 2.2 增进日常生活、社会交往中良好的沟通能力。　E1 2.3 提高与领导、同事、下属良好的沟通能力。　E1 2.4 提升求职、演讲与谈判、工作中的沟通能力。　E1 3 素质 3.1 具备表达规范，谦虚有礼的素养。　A1　A2 3.2 养成关心他人的习惯。　B2 3.3 初步具有团队协作意识。　E2

C 核心能力	A 尚德弘毅		B 健康关怀		C 专业知识		D 熟用技能		E 沟通协作		F 问题解决		备注
D 课程权重	A1	A2	B1	B2	C1	C2	D1	D2	E1	E2	F1	F2	合计
	10	10		10	10		10		40	10			100%

E 学分数分配权重	数学（信息或专业）相关课程。	专业课程–理论。	专业课程–设计实作。	通识	其他	合计
				100%		100%

	章节教材内容（能力指标）	学时分配		
		理论	实践	合计
F 教材内容大纲	**单元一　掌握口才表达的基本技巧 C1、E1** 1. 有声语言训练 规范发音、吐字清晰、表情达意准确。 2. 朗读朗诵技巧训练 能用朗读、朗诵的基本技巧进行读、诵。 3. 态势语言训练 能使态势语言运用得准确、自然、简练、协调，做到仪表大方、有礼规范。	3	3	6
	单元二　提升交际口才　　E1、B2 1. 掌握交谈和赞美等语言技巧 能在社交活动中运用语言技巧跟他人打招呼、作介绍；在倾听与问答、赞美与批评中合理使用语言技巧。 2. 掌握说服与拒绝的语言技巧 能在社交活动中合理使用说服与拒绝的语言技巧。	0	4	4
	单元三　掌握演讲技巧　　E1、D1 1. 掌握演讲的表现技巧 能使演讲语言张弛有度、抑扬顿挫，富有节奏感。D1 2. 掌握命题演讲的技巧 有勇气、有能力参加命题演讲比赛。E1 3. 掌握即兴演讲的技巧 能够当众演讲。E1	2	4	6
	单元四　训练谈判口才　　E1、E2、D1 1. 理解谈判口才的特征 能根据环境、对象，有组织撰写谈判方案。D1、E2 2. 掌握谈判的语言艺术 情景模拟谈判，掌握导入、磋商、破僵局和签约环节的谈判技巧。E1、E2	2	4	6

	单元五　　提高工作口才 1. 掌握应聘面试口才 E1、D1、A1 能在求职面试中恰当地作自我介绍，进行合适地答问。 2. 掌握与同事沟通的技巧 能及时化解矛盾，建立和谐团队。E1、E2 3. 掌握与领导、与下属沟通的技巧　E1、A1、　B2 学会配合不同类型上司、指导下属做好工作。			2	6	8
	单元六　　学习行业口才　　　E1、D1 学习主持艺术，根据工作情境，灵活处置现场状况。			1	1	2
G 课程要求	课程实践、实习要求与能力要求					
H 教学方式	讲授；讨论或座谈；问题导向学习；分组合作学习；专题学习；实作学习；发表学习；实习；参观访问 ；其他（情景模拟、角色扮演等）。					

	成绩项目	配分	评价方式（呼应能力指标）。	细项配分	说　　明
I 学习评价	平时成绩	50	实作评量（D1、E1、E2）。	10	到课100%5分（迟到或早退一次扣0.5分，缺课一次扣1分）；课堂表现满意度100%5分（较满意一次扣0.5分，不满意一次扣1分）。
				15	课内三次训练，每次5分，按5分制打分。具体评量按照附件1中评量表及评量规准打分。①课前口语训练5分（一节课两人，每人一学期一次）；②即兴演讲5分（一人1-2分钟，课内一次完成）；③每人巧报自己的姓名5分（一人1分钟左右，课内一次完成）。
				25	模拟谈判10分，具体评量按照附件2中评量表及评量规准打分。命题演讲稿5分；面试材料撰写5分；主持稿5分。

期中成绩	20	口语评量（E1）	20	模拟面试20分，具体评量按照附件3中评量表及评量规准打分，并按比例折合分数计入最终成绩。
期末成绩	30	口语评量（E1）	30	2分钟自选命题演讲30分，具体评量按照附件4中评量表及评量规准打分。

	次别	单元名称与内容	能力指标代码
J 进度表	第一单元	单元一　掌握口才表达的基本技巧	C1、E1、B2
		任务1.有声语言训练。①纠正学生的语音，使发音规范，吐字如珠如流；②教导学生掌握正确的呼吸方式，以情带气，以气托声；③指导学生读得准确、情感丰富真实。	C1、E1
		任务2.朗读朗诵技巧。教学生处理语言的停顿、重音、语速和语调技巧，并在朗读、朗诵中运用这些基本技巧。	C1、E1
		任务3.态势语言。训练指导学生将态势语言运用得准确、自然、简练、协调，做到仪表大方、有礼规范。	E1、B2
	第二单元	单元二　提升交际口才	E1、D1
		任务1.掌握交谈和赞美等语言技巧。让学生学习在社交活动中运用语言技巧跟他人打招呼、作介绍；在倾听与问答、赞美与批评中合理使用语言技巧。	E1、D1
		任务2.掌握说服与拒绝的语言技巧。让学生学习在社交活动中合理使用说服与拒绝的语言技巧。	E1、E2
	第三单元	单元三　掌握演讲技巧	E1、D1
		任务1.掌握演讲的表现技巧。指导学生通过处理语言的停连、轻重、快慢和升降技巧，使演讲根据内容和情感表达需要起伏变化。	D1
		任务2.掌握命题演讲的技巧。指导学生拟命题演讲稿，并让学生有勇气、有能力参加命题演讲比赛。	E1

		任务 3.掌握即兴演讲的技巧。模拟即兴演讲,使学生掌握演讲技巧,能够当众演讲。	E1
第四单元		单元四　训练谈判口才	E2、E1、D1
		任务 1.理解谈判口才的特征谈判。谈判准备,指导学生能根据环境、对象,有组织地撰写谈判方案。	D1、E2
		任务 2.掌握谈判的语言艺术。模拟谈判训练,帮助学生掌握导入、磋商、破僵局和签约的谈判技巧。	E1、E2
第五单元		单元五　提高工作口才	E1、A1、B2、E2
		任务 1.掌握应聘面试口才。模拟面试现场做恰当的自我介绍;模拟求职问答使学生在求职中能进行合适的答问。	E1、D1、A1
		任务 2.掌握与同事的沟通技巧。模拟团队及时化解矛盾,建立和谐团队。	E1　E2
		任务 3.掌握与领导、与下属沟通的技巧。模拟训练中学会配合不同类型上司、指导下属做好工作。	E　1　、A1、　B2
第六单元		单元六　学习行业口才	E1、D1
		任务:学习主持艺术,根据工作情境,灵活处置现场状况。	E1、D1
K 建议教材	大学生实用口才训练教程,人民邮电出版社。2018。		
L 参考书籍	人际沟通与交流(3 版),清华大学出版社。2016。		
M 先修课程	高中语文"口语交际"课程。		
N 教学资源	多媒体课件、电子教案、名家演讲、影视视频,实训室等。		
O 注意事项			

备注:
1.课程大纲 A—G 项由所在部门和相关课程委员会编写并审核通过,教师不能自行更改。

2.本课程大纲 H—O 项同一课程不同授课教师应协同讨论研究达成共同核心内涵，教师不宜自行更改。

3.评价方式，可参酌下例方式：

（1）纸笔测验：小考、期中纸笔测验、期末纸笔测验；

（2）实作评量：作业、实作成品、日常表现、表演、观察、轶事记录；

（3）档案评量：书面报告、专题档案；

（4）口语评量：口头报告、口试。

附件 1

课前口语训练（即兴演讲、巧报姓名）评量表及规准

一、评量目标

2.2 增进日常生活、社会交往中良好的沟通能力。 E1

2.4 提升求职、演讲与谈判、工作中的沟通能力。 E1

3.1 具备表达规范，谦虚有礼的素养。 A1 A2

二、评量标准

表1 课前口语训练（即兴演讲、巧报姓名）评量表

姓名： 班级： 学号： 日期：		
各位同学：为完成本学期《口语交际》中增进良好的沟通能力和具备表达规范、谦虚有礼的素养任务，请对照下表项目进行互评。		
请针对下列评量项目并参照"评量标准"，于自评字段打"A、B、C、D、E"其中一项后，再请老师于合计栏复评。		
评量项目（100分）	自评与教师复评（A至E）	
	自评	教师
1.内容。（40分）		
2.表达。（60分）		
合计：		
分享：		
评量教师：		

表2　课前口语训练（即兴演讲、巧报姓名）评量规准

符号		A	B	C	D	E
		\multicolumn{5}{c}{课前口语训练（即兴演讲、巧报姓名）评量规准向度、频率、优劣程度}
1.内容（40分）		内容丰富	内容较丰富	内容一般	内容较空洞	内容空洞或仅有三言两语
2表达（60分）	语音（20分）	语音规范，音量适当，发音标准。	语音较规范，音量较适当，发音较标准，偶有问题。	语音一般，音量有时过小或过大，发音问题较多但基本上可以听懂。	语音不够规范，听不清，发音问题多，方音明显。	语音不规范，方音重。
	熟练程度（20分）	熟练，脱稿，流利。	较熟练，偶尔看稿，较流利。	不够熟练，较依赖稿件，不够流利。	结巴或忘词多，基本不能脱稿，不流利。	读稿。
	态势语言（20分）	自然得体，姿态端庄大方，手势、眼神恰当。	比较自然，手势、眼神较恰当。	不够自然，眼睛因为紧张偶尔看天花板或地面，有手势。	不自然，无手势。	忸怩作态或紧张过度。
		\multicolumn{5}{c}{注：各项目之A、B、C、D、E依据占配分的100%、90%、60%、40%、0%。}

附件2

模拟谈判实作评量表及规准

一、评量目标

2.1 掌握演讲稿、谈判方案、主持稿及求职材料的写作技巧。　　D1

2.4 提升求职、演讲与谈判、工作中的沟通能力。　　E1

3.2 养成关心他人的习惯。　　B2

3.3 初步具有团队协作意识。　　E2

二、评量标准

根据学生在模拟谈判时，对实训态度、小组合作及形象方面的要求，按照评量标准，教师给予评量。

表1　学生模拟谈判实作评量表

评量要项	评量结果
1. 实训态度。（20分）	
2. 小组合作。（50分）	
3. 形象。（30分）	
总评：	

表2　模拟谈判评量规准

谈判——实作过程					
符号 向度	A	B	C	D	E
1. 实训态度（20分）	工作主动，参与积极。	工作比较主动，参与比较积极。	工作基本主动，基本积极参与。	工作不太主动。不太积极参与。	工作不主动，不积极参与。
2. 小组合作（50分）	组内优化方案质量高，分工合宜，合作意识好，完成任务效率高。	分工合宜；互助合作；按时达成任务但速度较慢。	分工较合宜；互助合作；按时达成任务但速度较慢。	分工较合宜；互助合作；工作效率较慢，没有按时达成任务。	分工不合宜；没有互助合作没有按时达成任务。
3. 形象（30分）	角色扮演准确，举止得体，语言清晰，有感染力。	角色扮演较准确，举止较得体。	角色扮演基本准确，语言清晰。	举止基本得体，语言基本清晰。	举止不得体，语言不清晰。
注：各项目之A、B、C、D、E依据占配分的100%、90%、60%、30%、0%。					

附件3

模拟面试评量表及规准

一、评量目标

2.1 掌握演讲稿、谈判方案、主持稿及求职材料的写作技巧。　　D1

2.4 提升求职、演讲与谈判、工作中的沟通能力。　　E1

3.1 具备表达规范，谦虚有礼的素养。　　A1　A2

二、评量标准

表1　模拟面试评量表

姓名：　　班级：　学号：　　日期：		
各位同学：为完成本学期《口语交际》模拟面试实作任务，请对照下表项目进行互评。		
请针对下列评量项目并参照"评量标准"，于自评字段打"A、B、C、D、E"其中一项后，再请老师于合计栏复评。		
评　量　项　目（100分）	自评与教师复评（A至E）	
	自评	教师
1. 面试态度。（20分）		
2. 自我介绍。（40分）		
3. 回答提问。（40分）		
合计：		
分享：		
评量教师：		

表2 模拟面试评量标准

二、模拟面试评量规准 向度、频率、优劣程度				
符号	A	B	C	D	E
1.面试态度。（20分）	着装规范，彬彬有礼，态度认真。	着装较规范，较有礼貌，态度较认真。	着装基本规范，有礼貌，态度基本认真。	着装不太规范，礼貌不周，态度随便。	着装不规范，礼貌差，态度不认真。
2.自我介绍。（40分）	简明扼要，突出特色，不与求职材料重复。	较简明，特色较突出，部分信息与求职材料重复。	较简明，有一定特色，信息与求职材料重复较多。	基本复述求职材料，特色不突出。	不明确，无特色，表达不清晰。
3.回答提问。（40分）	理解深刻，机智作答，回答有针对性且灵活。	理解较深刻，回答较有条理，有一定灵活性。	能理解问题，对尴尬问题基本能冷静回答。	基本理解问题，回答机械呆板。	不能理解问话意图，对敏感问题照实回答。

注：各项目之 A、B、C、D、E 依据占配分的 100%、90%、60%、40%、0%。

附件4

自选命题演讲评量表及规准

一、评量目标

2.1 掌握演讲稿、谈判方案、主持稿及求职材料的写作技巧。　　　D1

2.4 提升求职、演讲与谈判、工作中的沟通能力。　　　E1

3.1 具备表达规范，谦虚有礼的素养。　　A1　A2

二、评量标准

表1 自选命题演讲评量表

姓名：　　班别：　　学号：　　评量教师：
各位同学：请针对下列评量项目并参照"评量标准"，于自评字段打"A、B、C、D、E"其中一项后，再请老师复评。单次评量总分 100 分。

评量要项	自评与老师复评（A 至 E）	
	自评	老师
1. 内容。30 分		
2. 表达。30 分		
3. 仪态。20 分		
4. 整体效果。20 分		
合计：		

表 2　自选命题演讲评量规准

符号	A	B	C	D	E
1. 内容。（30 分）	观点明确，内容切题; 论据贴切，分析到位。联系实际，有感而发; 结构完整，条理清晰。（30）	观点明确，内容切题；联系实际，有感而发。（25）	论据贴切，分析到位；结构完整，条理清晰。（15）	观点与结构、条理均欠佳。（10）	缺席。（0）
2. 表达。（30 分）	语音标准，用语规范; 节奏合理，表达流畅；表现力强，有感染力；思维敏捷，应变力强。（30）	语音标准，用语规范；表现力强，有感染力。（25）	语音，用语规范或表现力欠佳。（15）	语音，用语规范及表现力均欠佳。（10）	缺席。（0）
3. 仪态。（20 分）	仪态大方，动作适度；表情自然，情声协调。（20）	仪态大方、情声协调。（15）	动作适度、表情自然。（10）	仪态、动作、表情均欠佳。（5）	缺席。（0）
4. 整体效果。（20 分）	话语自然，表现力强；举止得体，整体和谐。（20）	话语自然，表现力强。（15）	举止得体，整体和谐。（10）	话语、表现力、举止均欠佳。（5）	缺席。（0）

衢州职业技术学院单元教学活动设计

分院	公共基础部	专业	大学语文	设计者	毛筱英

科目名称	口语交际	学年	2018-2019	学期	1

授课类型	□理论型　　理实一体型　　□实践型				

单元名称	第一单元：掌握口才表达的基本技巧。 [态势语言（礼仪规范）训练]。	班级	18 护理	人数	50

教材来源	改编：刘桂华，王琳 . 大学生实用口才训练教程，人民邮电出版社。2018。	授课学时		2

学生学习 条件分析	1. 起点分析： 没有系统学习过态势语言。 2. 重点分析： 恰当运用态势语言，体现衢职人的礼节素养。 3. 难点分析： （1）设计态势语言，使之适合公众场合语言交流的进程和各项特点。 （2）指导学生克服胆怯不敢练习的问题。 （3）纠正学生觉得不重要、做作不愿练习的问题。

教学方法手段	1. 教学方法：模拟教学法、讲授法、角色扮演等。 2. 教学手段：多媒体课件、设置场景。

教学资源	1. 个人资源：教材（大学生实用口才训练教程，人民邮电出版社，2018.）、人民邮电出版社 PPT。 2. 学校资源：图书馆。 3. 网络资源：网络礼仪培训有关态势语言的视频。 4. 企业资源：兼职企业。

能力指标	运用态势语言辅助提高沟通能力 C1、D1、A1

教学目标	知识： 1. 知道态势语言的内容和表现方法。 2. 熟知作为一名衢职学生在公共场合运用态势语言应该符合的礼仪规范。 能力： 1. 掌握使用服饰语、体态语与表情语和目光语、手势语的技巧。 2. 恰当运用态势语言以助口头表达和人际沟通更顺畅更成功。

	素质： 1.遵守礼仪规范，有礼有节。 2.能更礼貌、文明、优雅地表达，展现谦虚、恭敬的态度。
教师课前准备	1.外在情境准备：布置模拟情景，设计态势语言。分组；情景设计准备、分角色扮演流程。 2.内在情境准备：熟记教学环节和内容，养足精神，充满自信。
学生课前准备	1.查找相关资料，了解态势语言的作用和表现方法。2.相互模拟使用态势语言。 3.心理调适。
活动历程	1.准备活动：布置现场（桌椅）；PPT宣布场景的设置与要求；请学生做好演示准备。（5分钟）。 2.发展活动：学生分成四个小组，约12人一组。每小组讨论一方面态势语言存在的普遍问题，提出整改意见并准备上讲台表演和说明。（讨论10分钟）。 第一小组　服饰语（服装和配饰） 学生能根据场景需要选择服饰和妆饰容貌。做法：学生选定场景，描述或装扮服饰和容貌，学生自己点评是否得体。教师适当引导。 第二小组　体态语（行走和坐立） 学生能在台上或社交场所合乎规范地站、坐、走及行礼。做法：学生上讲台或模拟社交场所站、坐、走及行礼，学生自己点评是否规范。教师指点并示范。 第三小组　表情语和目光语 学生能在台上或社交场合用适当的表情和目光辅助表情达意。做法：学生上讲台或模拟社交场所运用表情和目光辅助表情达意，学生自己点评是否适当。教师指点并示范。 第四小组　手势语 学生能根据语境需要设计适当的手势语并在台上或社交场所自然、大方、有礼有节地表现。做法：学生上讲台或模拟社交场所运用手势语辅助表情达意，学生自己点评是否恰到好处。教师指点并示范。 汇报：鼓励各小组学生创新汇报，汇报方式可以演示，可以口头说明等；可以一人代表，可以三五成群，也可以小组每人都参与。每个小组的汇报时间均为10分钟（共40分钟）。 3.整合活动：（35分钟） 第一阶段：分组实训练习10分钟 （1）面试情景训练，请第一小组准备。 几位同学扮演不同角色进行训练，三五位扮演招聘人员，一位扮演求职人员。注意求职人员进门的走姿，坐下的动作和坐姿、行礼等；招聘人员的坐姿和神态等。 （2）职业情景训练，请第二小组准备。 学生试以护士身份向病人（或病人家属）了解病情，注意体态端正，语言亲切得体，动作恰当、自然、协调。

	（3）情景展示训练，请第三小组准备。 学生准备一段会背诵或表演的片段，配合恰当的态势语言。其他同学进行点评。 （4）情景设置训练，请第四小组准备。 学生准备设置一个生活场景进行演示，配合恰当的态势语言，注意礼仪规范。 第二阶段：总结提升 25 分钟 小组选代表汇报本组训练情况，包括对展示者表现作出评价。12 分钟。 学生组间讨论解决训练中的疑难问题。3 分钟。 教师对各小组表现作总评，解答讨论中未解决疑难问题，并对其他注意事项作补充辅导。10 分钟。
学习 评量	口语评量：对演示者进行评价，包括教师评价、学生评价。 实作评量：根据态势语言的评价标准对练习者进行评价，包括教师评价、组内评价。
课后 作业	1.在日常沟通交流中，注意自己态势语言的运用，做一个懂礼节规范的中国公民。 2.向他人和媒体学习态势语言的运用。
教学 后记	1.能力目标达成度：多数人有了初步运用态势语言的能力。 2.省思学习内容：通过教学活动和学生学习成效反映，本单元教学设计的学习内容较合理。 3.学生学习表现：多数学生主动参与学习，小组合作意识较强，有少数学生不积极。 4.学习方法：本单元采用模拟教学法和分角色扮演学习法，能够激发学习兴趣，培养小组合作意识。 5.学习资源：准备情况（有学生未按要求运用态势语，心理过于紧张）。

衢州职业技术学院《体育礼仪与欣赏》课程大纲

2018~2019 学年度第 二 学期全校专业（选修班）

课程名称	体育礼仪与欣赏		课程 代号	
课程类型	□素质通识 □专业核心 □专业选修 □专业方向		授课 教师	黄志国
修读方式	□必修 □必选 □选修		学分	1
开课学期	第一学期	总学时	36	实践 学时	29

办公地点		课外答疑时间		联系方式		
A 课程 描述	目的、历程、结果（性质、地位和任务）。 本课程旨在引领学生掌握常见比赛项目的基本礼仪，懂得欣赏体育比赛。具备执法常见比赛的能力，在日常社交生活中养成懂礼貌、遵秩序、守规则的行为习惯。					
B 课程教学目标 （标注能力指标）	1. 知识 1.1 掌握篮球、排球、足球、武术项目基本礼仪及比赛规则。C1 2. 技能 2.1 具备执法篮球比赛、排球比赛、足球比赛的能力。D1 2.2 具备团队协作精神。E2 2.3 具备礼仪社交的能力。D1 3. 素质 3.1 养成懂礼仪、遵秩序、守规则的良好行为习惯。A1 3.2 具备体育比赛欣赏的能力。D1					

C 核心能力	A 尚德 弘毅		B 健康 关怀		C 通用 知识		D 基本 技能		E 沟通 协作		F 问题 解决		备注
D 课程权重	A_1	A_2	B_1	B_2	C_1	C_2	D_1	D_2	E_1	E_2	F_1	F_2	合计 100%
	20				10		50			20			

E 学分分数分配权重	数学及基础科学等相关课程	专业课程－专业/实务	专业课程－设计实作	通识或共同科目（不含数学）	其他	总学分数
				1		1

F 教材 内容 大纲	章节教材内容（能力指标）	学时分配		
		理论	实践	合计
	1. 篮球项目基本礼仪。（$C_1D_1E_2$）	1	2	3
	2. 篮球比赛竞赛规则及裁判法。（C_1D_1）	1	5	6
	3. 排球比项目基本礼仪。（$C_1D_1E_2$）	1	2	3
	4. 排球比赛竞赛规则及裁判法。（C_1D_1）	1	5	6
	5. 足球项目基本礼仪。（$C_1D_1E_2$）	1	2	3

F 教材内容大纲	6. 足球比赛竞赛规则及裁判法。（C_1 D_1）	1	5	6
	7. 武术项目基本礼仪。（$C_1D_1E_2$）	1	2	3
	8. 考核评价	0	6	6
	合计：	7	29	36

G 课程要求	通过本课程学习，学生能够掌握篮球、排球、足球及武术项目的基本礼仪，提升对体育竞赛规则的理解能力，增强体育欣赏能力，深刻领会体育精神的真谛，陶冶情操。

H 教学方式	□讲授　□讨论或座谈　□问题导向学习　□分组合作学习　□专题学习 □实作学习　□发表学习　□实习　□参观访问　□其它（　　　）

I 学习评价	成绩项目	配分	评价方式（呼应能力指标）	细项配分	说明
	平时成绩	20	观察性评价 A1	20	1. 评价表，详见附件1。
	期中成绩	20	实操考量 D1	20	1. 武术项目的礼仪评价标准，见附件2。
	期末成绩	60	实操考量 D1	60	2. 篮球、排球、足球项目的礼仪评价标准，详见附件3。

J 进度表	次别	单元名称与内容	能力指标代码
	1	单元一：篮球比赛基本礼仪 内容： 1. 比赛前的礼仪规范。 2. 比赛中的礼仪规范。 3. 比赛后的礼仪规范。 4. 礼仪规范模拟实践。	D1C1
	2	单元二：篮球比赛竞赛规则及裁判法一 内容： 1. 篮球基本规则说明。 2. 篮球裁判法执法手势练习。 3. 临场实践执法练习。	D1E2

3	单元三：篮球比赛竞赛规则及裁判法二 篮球比赛竞赛组织与编排。 组织编排一个小型篮球比赛。	D1E2
4	单元四：武术比赛基本礼仪 内容： 1. 传统武术、跆拳道、空手道、柔道、自由搏击礼仪规范，并做差异比较。 2. 实践模拟操作。	D1E2
5	单元五（期中考试）：篮球、武术基本礼仪考核	C2D1
J 进度表	6	单元六：排球比赛礼仪规范 内容： 1. 比赛前的礼仪规范。 2. 比赛中的礼仪规范。 3. 比赛后的礼仪规范。 4. 礼仪规范模拟实践。	D1C1
	7	单元七：排球比赛竞赛规则及裁判法一 内容： 1. 排球基本规则说明。 2. 排球裁判法执法手势学习。 3. 临场实践执法练习。	D1E2
	8	单元八：排球比赛竞赛规则及裁判法二 内容： 1. 排球比赛竞赛组织与编排。 2. 组织编排一个小型排球比赛。	D1E2
	9	单元九：足球比赛基本礼仪 内容： 1. 比赛前的礼仪规范。 2. 比赛中的礼仪规范。 3. 比赛后的礼仪规范。 4. 礼仪规范模拟实践。	D1C1
	10	单元十：足球比赛竞赛规则及裁判法一 内容： 1. 足球基本规则说明。 2. 足球裁判法手势学习。 3. 临场实践执法练习。	D1E2

J 进度表	11	单元十一：足球比赛竞赛规则及裁判法二 1. 足球比赛竞赛组织与编排。 2. 组织编排一个小型足球比赛。	D1E2
	12	单元十二（期末考试）：排球项目、足球项目基本礼仪考核。	C2D1

K 建议教材	1.《现代体育礼仪》，作者许之屏，湖南师范大学出版社，2010 年 6 月。 2.《篮球竞赛规则》，《排球竞赛规则》，《足球竞赛规则》。2016。
L 参考书籍	《现代体育礼仪》，《体育鉴赏》。
M 先修课程	《基础体能课》。
N 教学资源	PPT 多媒体课件、网络视频资源（网易、新浪、搜狐等）。
O 注意 事项	1. 课程进度可以根据天气情况做适当调整。 2. 尊重网络资源知识产权，只限用于教学。

P 课程 分析 与评估	平均成绩		及格率		修课人数	
	1. 学习成效分析					
	2. 核心能力检讨					
	3. 其他					

备注：

1. 课程大纲 A—G 项由所在部门和相关课程委员会编写并审核通过，教师不能自行更改。

2. 本课程大纲 H—P 项同一课程不同授课教师应协同讨论研究达成共同核心内涵，教师不宜自行更改。

3. 评价方式，可参酌下例方式：

（1）纸笔测验：小考、期中纸笔测验、期末纸笔测验。

（2）实作评量：作业、实作成品、日常表现、表演、观察、轶事记录。

（3）档案评量：书面报告、专题档案；

（4）口语评量：口头报告、口试。

附件 1

评价目标：主要评价学生遵守纪律，在上课过程中的学习态度，以及能否做到互相沟通交流，并能团结互助，合作学习。

表 1　学生课堂表现评价标准

项目	优秀 （90-100 分）	良好 （75-89 分）	及格 （60-74 分）	不及格 （59 分以下）
出勤率 20%	考核出勤率 10 分，基本分 10 分，迟到一次扣 1 分、请假一次扣 0.5 分、旷课一次扣 2 分。			
学习态度 40%	上课认真听讲，积极参与各种练习内容，且能够高质量完成内容。	上课基本能认真听讲，也能配合老师完成练习内容，但是完成质量一般。	上课无心听讲，不配合老师完成练习内容，完成质量一般。	经常迟到早退、无故缺课，且上课时候扰乱正常教学秩序。
善于与人合作 40%	善于与人合作，积极主动带领同学完成各种练习，并能关心同学。	能与人合作，能配合同学完成各种练习。	缺乏与人合作的思维，较少配合同学一起完成练习内容。	将自己孤立，从不跟同学交流沟通，也不按要求完成各种练习。

附件 2

评价目标：主要考查学生对武术项目的礼仪规范掌握程度，并能实践运用。

表 1　武术项目礼仪评价标准

项目	优秀 （90-100 分）	良好 （75-89 分）	及格 （60-74 分）	不及格 （59 分以下）
动作	准确做出跆拳道、散打、空手道、传统武术比赛前的规范礼仪动作。	基本做出跆拳道、散打、空手道、传统武术比赛前的规范礼仪动作。	只能做出跆拳道、散打、空手道、传统武术这几项中的部分项目的规范礼仪动作。	完全不能做出跆拳道、散打、空手道、传统武术的规范礼仪动作。

素质	主动配合老师完成任务，具备良好的组织与协调管理能力，具有很强的精神感染力。	能较好地完成老师设置的考核任务，能配合同学完成项目。	基本能完成老师设置的考核任务，但缺乏主动性，合作意愿一般。	不能完成考核项目，拒绝参与同学之间的合作。

附件3

评价目标：主要考查学生对篮球、排球、足球项目的礼仪规范掌握程度，并能够实践运用。

表1　篮球、排球、足球项目礼仪评价标准

项目	优秀 （90-100分）	良好 （75-89分）	及格 （60-74分）	不及格 （59分以下）
动作	熟练掌握篮球、排球、足球比赛礼仪的四个步骤及礼仪的标准动作，并能准确做出来。	基本了解篮球、排球、足球比赛礼仪的四个步骤及礼仪的标准动作。	大致了解篮球、排球、足球比赛礼仪的四个步骤及礼仪的标准动作，对标准礼仪动作模棱两可。	对篮球、排球、足球项目基本礼仪一点不了解。
素质	主动配合老师完成任务，并具备良好的组织与管理协调能力。	能较好地完成老师设置的考核任务，能配合同学完成项目。	基本能完成老师设置的考核任务，但缺乏主动性，合作意愿一般。	不能完成考核项目，拒绝参与同学之间的合作。

衢州职业技术学院单元教学活动设计

分院		专业		设计者		黄志国
科目名称	体育礼仪与欣赏	学年	2018-2019		学期	一
授课类型	□理论型，		□理实一体型，		□[实践型]	
单元名称	单元六：排球比赛礼仪规范	班级			人数	

教材来源	《现代体育礼仪》	授课学时	2
学生学习条件分析	1.起点分析： （1）本课程为公共选修课，面对大一大二学生开设。选课学生群体对体育文化与欣赏有比较浓厚兴趣。 2.重点分析： （1）向学生介绍常见排球比赛项目的基本礼仪规范。 （2）实践操作完整排球比赛礼仪规范程序。 3.难点分析： （1）区分排球比赛的礼仪规范与其他项目礼仪规范的差别。 （2）将课堂所学礼仪规范运用到日常工作与学习生活之中。		
教学方法手段	1.教学方法：（学习方法） 讲解示范法、情景模拟法 2.教学手段： （1）制作PPT课件。 （2）设计特定模拟情景。 （3）观看排球比赛视频中的礼仪环节。		
教学资源	1.个人资源： 教学单元设计、班级微信群、教学PPT。 2.学校资源： 2018人才培养计划、课程标准、教学大纲。 3.网络、社会或出版社资源： 网络体育传媒、体育比赛视频资料。 4.企业资源： 无。		
能力指标	C1D1		
教学目标	知识： 1.掌握排球比赛的基本礼仪规范。 能力： 2.提升学生对排球比赛的欣赏能力，增强守规则的意识。 素质： 3.具备尊重规则，理解礼仪规范内涵的素质。		
教师课前准备	设计情景模拟方案，制作教学PPT，搜集与礼仪有关的网络视频资源。		
学生课前准备	在班级微信群中，提早一周布置任务，观看一场正式排球比赛。		

活动历程（强调成果导向、主要教学法的历程，含辅助手段、时间分配）	一、准备活动（5分钟） （一）告知：本堂课的教学任务、目标、进度及要求。 （二）引入：介绍最近国际国内举办的排球赛事。 二、发展活动（30分钟） （一）课堂任务：排球比赛基本礼仪规范。 1. 设问、启发、引入任务： 问题一：请问同学们看过正式排球比赛没有？ 问题二：有没有关注排球比赛中的礼仪规范？ 2. 演示： （1）播放整理好的排球正式比赛的视频短片。 （2）指出比赛四个步骤的礼仪规范点。 步骤一：入场仪式 参赛队伍站位、行进路线，仪表仪态。 步骤二：赛前练球 参赛队员练球扣球路线，无意中扣球打到对方队员要举手致歉。 步骤三：比赛过程中 比赛过程中如果扣球打到人，或者网前有肢体接触，需要举手致歉。 步骤四：比赛结束后 参赛队伍站位、所有队员依次与对手握手、队长与裁判员握手等。 （3）学习难点：学生是非专业运动员，甚至都没有打过排球比赛，对排球比赛中的各种礼仪细节比较陌生。 3. 学生实作：模拟演练（50分钟） 学生学习历程： （1）全班按照每组6人分成若干组，进行抽签排定组别序号。 （2）第一组和第二组完成入场礼仪展示；第三组和第四组完成赛前练球礼仪展示；第五组和第六组进行一场五分制的排球比赛，完成比赛过程中的礼仪规范展示；第七组和第八组完成比赛结束后的礼仪规范展示。 （3）前面两组在进行展示完成后，其他组要派出代表指出不足之处。 （4）教师集中点评，指出每两组完成的礼仪规范不完善的地方。 课程重点：学生要做出各个环节的礼仪规范。 课程难点：各个环节中的一些礼仪细节比较难以把握。 三、整合活动（5分钟） 1. 各组代表对各个组完成的情况发表看法。 2. 教师对各组表现做一个综合性总结。
学习评量	1. 单元100分，如何评分。 2. 采用评量方法、配分及工具（附件）。 3. 课后作业如何计分、评分。

课后作业	1. 布置观看一场正式排球比赛，对比赛的四个环节礼仪规范做记录，加深礼仪规范印象，并能够为以后举行校内排球比赛中懂得运用礼仪规范。
教学后记	1. 目标或能力指针达成度为85%，学生基本能够完成教学任务，教学目标。 2. 本单元以实践操作为主，学生参与度较高，体现了学生团队协作。通过情景模拟，更利于学生掌握排球礼仪规范。 3. 教学反思：在排球场上和多媒体教室进行，需要进行场地的转换，对学生组织要求较高。

附件 1

表 1　排球礼仪规范检核表

项目	优秀 （90-100分）	良好 （75-89分）	及格 （60-74分）	不及格 （59分以下）
动作	熟练掌握排球礼仪规范的四个步骤，并能准确表达礼仪规范动作。	熟练掌握排球礼仪规范的四个步骤，并能准确表达礼仪规范动作，但对于一些细节把握不到位。	基本掌握排球礼仪规范的四个步骤，只能准确表达部分礼仪规范动作。	没有掌握排球礼仪规范的四个步骤，更加没法表达礼仪规范动作。
素质	主动配合老师完成任务，并具备良好的组织与管理协调能力，能主动引导同组同学进行学习。	能较好地完成老师设置的考核任务，能积极配合同学完成项目。	基本能完成老师设置的考核任务，但缺乏主动性，合作意愿一般。	不能完成考核项目，拒绝参与同学之间的合作。

书香四溢　衢职有礼

衢州职业技术学院有礼公约

学有礼

上课起立，微笑问好；

认真听讲，尊师重道；

安静自习，手机勿扰；

爱护刊物，杜绝涂鸦；

文明上网，留言清朗。

食有礼

排队有序，让座让行；

节约粮食，争做光盘；

带走垃圾，清洁桌椅；

减少外卖，健康低碳；

如遇桌餐，提倡公筷。

寝有礼

作息规律，按时就寝；

衣物齐整，摆放得体；

阳台清爽，防止坠物；

讲究卫生，安全用电；

舍友谦让，温馨和谐。

行有礼

笑迎宾朋，作揖问好；

为人诚信，说到做到；

乘坐电梯，先出后入；

红灯不闯，护栏不跨；

垃圾入桶，爱护草木。

学有礼，食有礼，寝有礼，行有礼，

南孔圣地，衢州有礼；书香四溢，衢职有礼！